孔子（公元前 551 年－公元前 479 年），名丘、字仲尼。東周時期魯國陬邑（今中國山東曲阜市南辛鎮）人。春秋末期的思想家、教育家，儒家思想的創始人。在世時已被譽爲「天縱之聖」、「天之木鐸」，被後世尊爲孔聖人、至聖、 至聖先師、萬世師表。

中國歷代繪刻本名著新編

孔子三語集

北京時代華文書局整理輯刊

孔子三語集【全四册】

第一册　孔子論語

第二册　唐石刻論語

第三册　孔子家語

第四册　孔子集語

文圖版【孔子三語集】

孔子論語

【魏】何晏集解

【清】黎庶昌輯

張立華點校

安徽人民出版社

中國歷代繪刻本名著新編

孔子論語

北京時代華文書局整理輯刊

图书在版编目（CIP）数据
孔子三语集 / (魏) 何晏集解；张立华点校．—影印本．—合肥：安徽人民出版社，2012.12
（中国历代绘刻本名著新编 / 张立华主编）
ISBN 978-7-212-06061-9
Ⅰ．①孔… Ⅱ．①何… ②张… Ⅲ．①儒家 ②孔丘（前 551 ～前 479）－语录 Ⅳ．① B222.22
中国版本图书馆 CIP 数据核字 (2012) 第 299869 号

中国历代绘刻本名著新编

孔子三语集（全四册）

北京时代华文书局整理辑刊

出 版 人：胡正义
选题总策划：周殿富
主编：张立华 武 学 张亚力
责任编辑：武 学 张 原 责任校对：宋 春
责任印制：范玉洁 营销推广：赵秀彦
装帧设计：亚力设计工作室
出版：安徽人民出版社
合肥市政务文化新区翡翠路 1118 号出版传媒广场 8 楼
邮编：230071 http://www.ahpeople.com
发行：北京时代华文书局有限公司
北京市东城区安定门外大街 138 号
皇城国际大厦 A 座 8 楼 邮编：100011
电话：010-64267120 010-64267397 传真：010-64264185-8067
印刷：北京鹏润伟业印刷有限公司
（如发现印装质量问题，影响阅读，请与印刷厂联系调换）
开本：710×1000 1/16 印张：146
版次：2013 年 1 月第 1 版 2013 年 1 月第 1 次印刷
书号：ISBN 978-7-212-06061-9
定价：1888.00 元（全四册）

總序

中國繪刻本圖籍上溯至唐宋拙樸的肇始，歷元明清初的宏大中發，延續到晚清民國精緻與粗劣的二元濫觴，各種綫描圖樣、彩繪册頁、圖籍畫譜千姿百態，版本浩如煙海。尤其是明清兩代宮廷專門延請了一批御用畫師與刻工，并欽命制作許多刻繪本圖籍，它無疑對刻繪本圖書臻達更高水平是一種推助。但可惜的是，歷經天災人禍，戰亂事變，西方列强的盜掠，許多優秀版本流失損毁頗多。而存世的版本或束藏于各大博物館、圖書館，或鎖閉于幽幽藏家之手，尋常讀者難得一見。或有今人整理出版，大多精裝細裹索價不菲，一般讀者難以問津。至今仍使「文人畫」、「文人書」封禁在文人圈、官商場中，這無疑是一種對文化特權的維護。因而，如何讓那些古典繪刻本圖籍進入民間，以廉價、簡裝的出版形式，讓大衆讀者買得到、買得起、讀得懂，讓古典繪刻本圖籍在新生代讀者手中傳承延續、發揚光大，就成爲了出版界的一個重要課題。

北京時代華文書局創社伊始即展開了這個專項的編輯出版工作。編輯們追尋購買國内外圖籍版本踪跡，致力資料搜求鈎沉累積，策劃、創意、精選、新編出版了這套以《中國歷代繪刻本名著新編》爲題的普及本文圖版叢書。

這套叢書在版本收録選擇上涵蓋了歷史上多種類的繪本、刻本、軸卷及典籍中的極品、精品；在體例上合縱連横、取捨有緒、融匯貫通地闡述表現一個主題；在編排上以圖爲主，導入典籍文獻、補述内容、新編增撰文字，間有簡體字譯注、補白，以便于識讀；在整理制作上著意凸顯原作原版圖像之美、書法之美、畫工刻工印工之美，保有傳統圖書的墨香、紙香、書卷之氣。而不拘泥于原版局限，重在讓讀者看得懂，買得起。這是本套叢書的出版宗旨。而本套叢書的可貴之處還在于它並不是簡單的影印、複制，而在于整理新編適于大衆閲讀上，而且還有諸多版本是一種文字與名畫的組合新編，具有市場品種唯一性的價值。這是本套叢書與任何一種已經面世的影印版不同的主要特徵。《中國歷代繪刻本名著新編》是一套順應時尚閲讀潮流、因繁就簡、平裝價廉、便于賞讀的嶄新古典繪刻本圖籍讀本。第一批選題近四十册，以後將陸續推出。誠望它的問世，能爲廣大讀者的精神文化生活增添一道精美而清新的膾炙之餐。是爲序。

張亞力　壬辰年冬月于北京謹識

《孔子三語集》點校前言

中國儒家創始人孔子，一生「述而不作」，故而這位偉大思想家、教育家的重要思想言行，都是由其弟子記錄整理並由後代學者編纂在《論語》、《集語》、《家語》等典籍中。西漢劉歆《六藝略》云：「《論語》者，孔子應答弟子時人及弟子相與言而接聞於夫子之語也。當時弟子各有所記，夫子既卒，門人相與輯而論纂，故謂之《論語》。」《論語》成書於戰國初期。因秦始皇焚書坑儒，到西漢時期僅有魯人口頭傳授的魯《論語》二十篇，齊人口頭傳授的齊《論語》二十二篇，以及從孔子舊宅夾壁中發現的古《論語》二十一篇。西漢末年，著名經學家張禹根據魯《論語》，參照齊《論語》，另成《張侯論》，成為當時的權威讀本，齊《論語》和古《論語》不久便亡佚。

對於《論語》書名的含義，宋邢昺解釋說：「鄭玄云：『……論者，綸也，輪也，理也，次也，撰也。』以此書可以經綸世務，故曰綸也；圓轉無窮，故曰輪也；蘊含萬理，故曰理也；篇章有序，故曰次也；群賢集定，故曰撰也。鄭玄《周禮》注云：『答述曰語。』以此書所載皆仲尼應答弟子及時人之辭，故曰語。」（《論語注疏解經序》）

孔子三語集

《論語》現存二十篇，四百九十二章，其中記錄孔子與弟子及時人談論之語約四百四十四章，記孔門弟子相互談論之語四十八章。孔子是《論語》描述的中心，正如南朝梁劉勰在《文心雕龍·徵聖》所言：「夫子風采，溢于格言。」注解《論語》始於漢朝，但基本上都已亡佚，今所存最早且最有影響的是三國魏何晏的《論語集解》。

除了《論語》之外，還有一部記錄孔子言行的著作，這就是《孔子家語》。本書最早著錄於《漢書·藝文志》，只說「二十七卷」，沒有其他信息。唐顏師古注《漢書》加了一句「非今所有《家語》」，所謂「今所有《家語》」，指的是三國魏王肅注釋的十卷本《孔子家語》。王肅在自序中認為，東漢鄭玄注經「義理不安，違錯者多」，使得「聖人之門，方壅不通，孔氏之路，枳棘充焉」。於是，「奪而易之」，「開而辟之」，為《孔子家語》做注。並說該書是孔子二十二世孫孔猛家藏的先人之書。

王肅注的這部《孔子家語》又名《孔氏家語》，簡稱《家語》。今傳本共十卷四十四篇，除了有王肅注之外，書後還附有王肅序和《後序》。《後序》分為兩部分，前半部分內容以孔安國語氣所寫，一般稱之為「孔安國序」，後半部分內容為孔安國以後的人所寫，故稱之為「後孔安國序」，其中收有孔安國的孫子孔衍關於《孔子家語》的《奏言》。

宋代王柏著《家語考》，質疑《孔子家語》的真實性。清代姚際恒（《古今偽書考》）、范家相（《家語證偽》）、孫志祖（《家語疏證》）等也認為《孔子家語》是偽書。紀曉嵐在《四庫全書總目》中說：「反復考證，其出於肅手無疑。特其流傳已久，且遺文軼事，往往多見於其中，故自唐以來，知其偽而不能廢也。」但宋代理學家朱熹卻不以為然，清陳士珂和錢馥的《孔子家語疏證》序跋、黃震《黃氏日鈔》等也不認為《孔子家語》是偽書。

一九七三年，河北定縣八角廊西漢墓出土的竹簡《儒家者言》，內容與今本《家語》相近。一九七七年，安徽阜陽雙古堆西漢墓也出土了篇題與《儒家者言》相應的簡牘，內容同樣和《家語》有關。《孔子家語》偽書之說，不攻自破。

除了《論語》和《孔子家語》之外，還有兩種孔子言行事蹟彙編的《孔子集語》：一是宋朝薛據輯的兩卷本，一是清朝孫星衍輯的十七卷本，後者不但從文字數量上超出前者六七倍，而且從編輯品質上也大大超過前者。

孫星衍，字伯淵，一字淵如，是清朝著名的考據學家、金石學家、訓詁學家。孫星衍對薛氏輯本很不滿意，於是在晚年引疾歸田後，與其族弟星海、侄婿龔慶一起檢閱群籍，從《易經》的《十翼》、《禮記》的《小戴記》、《春秋左氏傳》、《孝經》、《論語》、《孟子》、《孔子家語》、《孔叢子》、《史記·孔子世家》、《史記·仲尼弟子列傳》以外的八十三種典籍中，采輯了八百一十三條孔子言行記錄，並仿照《說苑》的體裁按類編排，共分十四篇十七卷，前十篇反映孔子的基本思想，後四篇多屬於孔子的生平事蹟和寓言故事。初稿纂成之後，又請著名學者嚴可均進行審校，前後歷時六年成書。孫氏輯本不僅重視材料的收集，還注明每一條材料的出處，並把內容相同或相近的材料排列在一起，而且對疑誤之處加上校勘按語，具有很高的學術價值。

我們這次編纂《中國歷代繪刻本名著新編》，將《論語》、《孔子家語》與孫星衍的《孔子集語》合編為《孔子三語》，並配以唐閻立本繪的《孔子弟子畫像》，以飨讀者。

《論語》選用日本南朝後村上天皇正平甲辰本《論語集解》與唐代石刻《論語》。正平甲辰為中國元順帝至正二十四年（一三六四年），該本是根據隋唐舊鈔刻印的，字句與今本差異甚夥，但往往合于唐陸德明的《經典釋文》，「字畫亦奇古」，因而具有極為重要的版本價值。另附有清阮元校刻本《論語》簡體標點原文，以便進行比較閱讀研究。

唐代石刻《論語》為唐石刻十二經之一。唐初詔命經學大師賈公彥、孔穎達訂正經籍，著名書法家、文字學家、「筆虎」李陽冰提議鐫刻大唐石經。他在《上李大夫論古篆書》中說：「常痛孔壁遺文，汲塚舊簡，年代浸遠，謬誤滋多。」「魚魯一惑，涇渭同流，學者相承，靡所遷復。每一念至，未嘗不廢食雪泣，攬筆長歎焉。」「誠願刻石作篆，備書六經，立於明堂，為不刊之典，號曰大唐石經。使百代之後，無所損益。」李陽冰的建議虽然當時並沒有被採納，但唐之建言立石經者以此為朔。

大曆十年（七七五年），詔儒官校定經本，送尚書省。翌年，國子司業張參詳定五經，書於長安務本坊國子監講論堂東西廂之壁。大和七年（八三三年）二月，御史大夫鄭覃（後任宰相）上奏：「請召宿儒奥學，校定六籍。準後漢故事，勒石於太學，永代作則，以正其闕。」鄭覃長於經學，稽古守正，且頗受唐文宗賞識。文宗遂敕唐玄度覆定九經字體，多以張參五經文字為準。十二月，有詔刻石經於講論堂兩廊，至開成二年（八三七年）完成，以拓本及石經圖一軸呈進。計有：《周易》九卷、《尚書》十三卷、《毛詩》二十卷、《周禮》十二卷、《儀禮》十七卷、《禮記》二十卷、《春秋左傳》三十卷、《公羊傳》十一卷、《穀梁傳》十二卷、《孝經》一卷、《論語》十卷，凡二百二十七石，六十五萬二百五十二字，每石兩面鐫刻。後世所稱「十三經」，只缺《孟子》。諸經皆白文無注，每卷卷題次行書某某注者，以明所據之本。其中《論語》十卷，用三國魏何晏集解本。

唐代石經，不僅是現存最早、最完整的儒學經典石刻，是「古本之終，今本之祖」，而且具有很高的書法藝術價值。石經的書寫鐫刻者艾居晦、陳玠、段絳、章師道、楊敬之等均為當時著名的書法鐫刻家，字體參用歐陽詢、虞世南、褚遂良和薛稷的楷書筆法，唯各卷題首及各經後的字數一行為隸書。

因為經書文字校勘的緣故，唐石經在大和、開成年間，就有隨刻隨改的情況。乾符三年（八七六年），張參的後人自牧又磨修補刻了一些文字。嘉靖三十四年（一五五五年）地震，經石撲損。萬曆十六年（一五八八年），西安府學官葉時榮、生員王堯典等，案舊文集其缺字，別刻小石立於碑旁。一些拓本的裝裱者就直接把小石補刻的文字嵌入正本的闕文中。後人不察，誤從裝裱本以補字之紕繆，反倒滋生了不少訛誤。

五代後唐長興三年（九三二年）二月，中書門下奏請依據唐代石經文字刻《九經》印板。敕令國子監集博士儒徒，將唐代石經本，「各以所業本經，廣為鈔寫，子細看讀。然後顧召能雕字匠人，各部隨帙刻印，廣頒天下。」歷經宋、元、明，各種刻本層出不窮，轉刻轉誤。清代校勘家嚴可均，根據新拓本之未裝冊者撰成《唐石經校文》十卷，對唐石經摹刻本中的磨改、殘損、訛誤、奪衍等做了認真的考訂。民國十五年（一九二六年），山東掖縣張氏（宗昌）皕忍堂依據唐石拓本影摹刻板印刷《景刊唐開成石經》，包括十二經、五經文字、九經字樣和嚴氏《唐石經校文》等共十四函七十四冊，成為唐代石經最權威的摹刻本。今據此版影印其中的《論語》。為了便於閱讀，在每頁之下附上簡體標點釋文，書中的避諱字和明顯的訛誤字，全部改為通用正字。

《孔子家語》選用明萬曆年間吳嘉謨集校的《孔子家語圖》本，「圖按聖跡之遺，文仍王本之舊」，「庶同志者統觀家語，可以窺聖經之全，而首按其圖，又可以窺聖人之跡」。書前有吳嘉謨的自序和常熟王鏊的題辭，書後有楊士經的跋。孫星衍的《孔子集語》用清嘉慶二十年冶城山館本，此為該書首刊本，因係孫星衍組織編撰刻印，故通稱「陽湖孫氏本」，又因收入《平津館叢書》，亦稱「平津館原本」。每頁都有簡體標點原文，以便閱讀。

郁達夫先生說：「沒有偉大的人物出現的民族，是世界上最可憐的生物之群；有了偉大的人物，而不知擁護、愛戴、崇仰的國家，是沒有希望的奴隸之邦。」孔子是中華民族最偉大的人物，正是因為有了偉大的孔子，我們纔脫離了「最可憐的生物之群」，我們這個民族纔稱得上偉大的民族！正是因為我們擁戴、崇仰孔子，我們這個國家纔脫離了「沒有希望的奴隸之邦」！

孔子的思想智慧是全人類最寶貴的精神財富。西班牙思想家葛拉西安說：「他人的機智語言，他人的非凡事蹟，任何有才之人借鑒，都能播下敏銳的種子。悟力使這些種子萌芽，繁滋而為豐富的花蕾，終而結實為機智的收成。」印度大詩人、諾貝爾文學獎得主泰戈爾說：「教育的最大目的是『叩擊心靈』。」孔子的言行幾乎盡在《孔子三語》中，「仰之彌高，鑽之彌堅」，他那機智語言，他那非凡事蹟，將叩擊每一位中國人的心靈。孔子的思想將在每一位中國人的腦海中播下敏銳的種子，繁滋為豐富的花蕾，結實為機智的收成！

張立華　壬辰初冬記于北京後沙峪居廣居

孔子論語目録

明刊本彩繪孔子圖傳

日本正平甲辰本論語集解

《论语》简体标点

（【清】阮元校刻本）

明刊本彩繪孔子圖傳

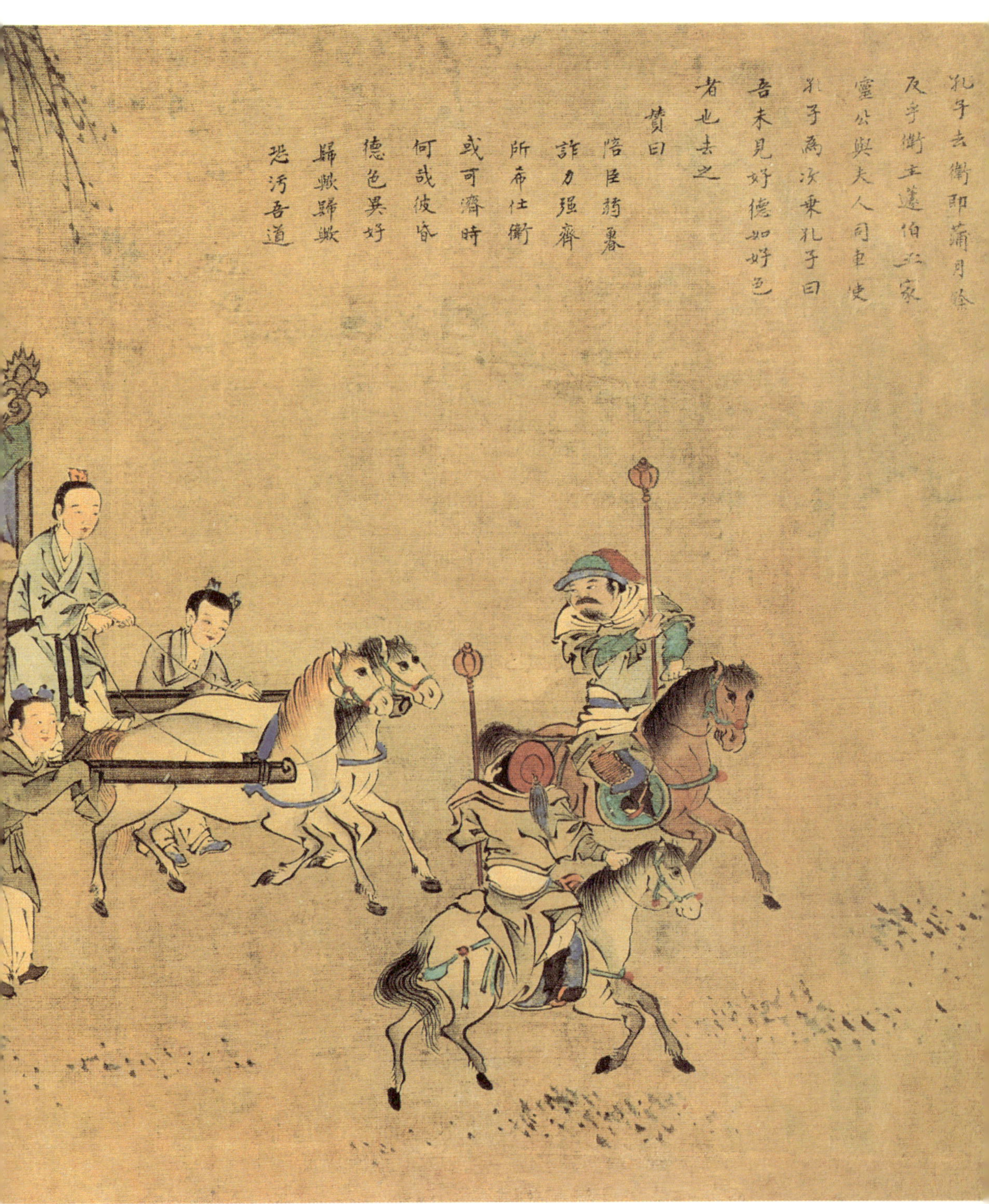
孔子去衛卽蒲月餘
反乎衛主蘧伯玉家
靈公與夫人同車使
孔子爲次乘孔子曰
吾未見好德如好色
者也去之
贊曰
陪臣驕暴
詐力强齊
所布仕衛
或可濟時
何哉彼昏
德色異好
歸歟歸歟
恐污吾道

丑次同车

孔子去卫即蒲，月余，反乎卫主蘧伯玉家。灵公与夫人同车，使孔子为次乘。孔子曰：「吾未见好德如好色者也！」去之。赞曰：陪臣弱鲁，诈力强齐。所希仕卫，或可济时。何哉彼昏，德色异好。归欤归欤，恐污吾道！

丑次同车

尼山巖巖
既驗以形

二龙五老

鲁襄公二十二年十一月庚子，先圣诞生之夕，有二龙绕室，五老降庭。五老者，五星之精也。

赞曰：尼山岩岩，鲁□□瞻。降灵自母， 孕圣□□。既騐以形，遂征□□。一诚感格，万古光明。

归田谢过

定公十年春，公会齐侯于夹谷，孔子摄行相事。献酬既毕，齐有司请奏四方之乐，旌旗羽袚，鼓噪而至。孔子趋而进，历阶而登，举袂扬言曰：「吾两君为好，夷狄之乐何为于此！请命有司却之。」景公心怍，麾而去之。有顷，齐有司请奏宫中之乐，俳优侏儒为戏。孔子趋而进，曰：「匹夫荧惑诸侯，罪当诛！请命有司加法焉。」景公惧，归告其群臣曰：「鲁以君子之道告辅其君，而子独以夷狄之道教寡人，使得罪于鲁君。」于是齐侯乃遣使归所侵鲁之郓阳龟阴田以谢过。

跪受赤虹

先圣著作既成，斋戒，向北斗告备。忽有赤虹自天而下，化为黄玉，刻文，先圣跪而受之。

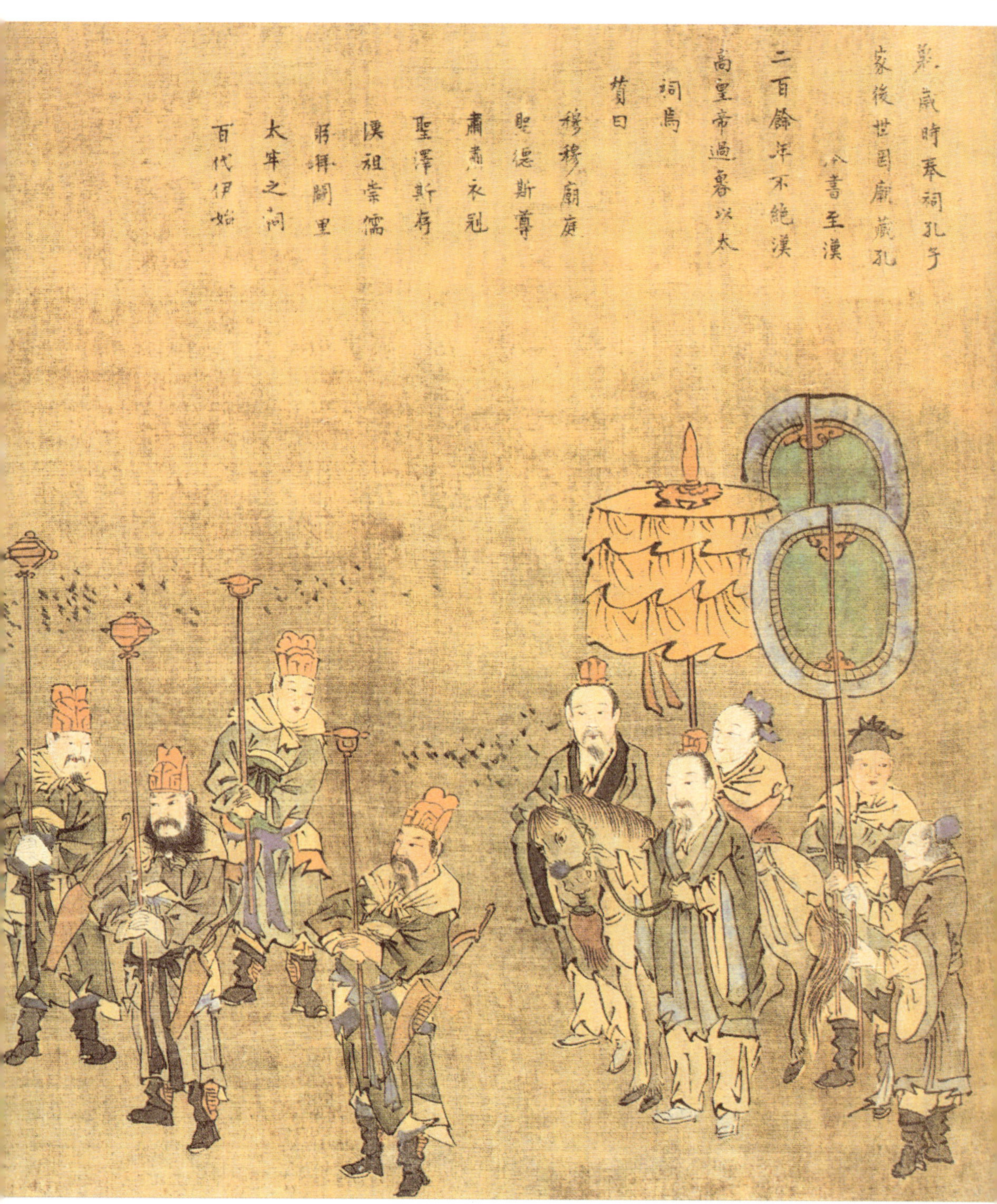
歲歲時奉祠孔子
冢後世因廟藏孔
子書至漢
二百餘年不絕漢
高皇帝過魯以太
牢祠焉
贊曰
穆穆廟庭
聖德斯尊
肅肅衣冠
聖澤斯存
漢祖崇儒
躬拜闕里
太牢之祠
百代伊始

汉高祀鲁

鲁岁时奉祠孔子冢，后世因庙藏孔子衣冠琴书，至汉二百余年不绝。汉高皇帝过鲁，以太牢祠焉。赞曰：穆穆庙庭，圣德斯尊。肃肃衣冠，圣泽斯存。汉祖崇儒，躬拜阙里。太牢之祠，百代伊始。

夹谷会齐

钧天降圣

颜氏之房闻钧天之乐。空中有声云：「天感生圣人子，故降以和乐之音。」故先圣生有异质，凡四十有九，表胸有文曰制作定册□符。

孔子遂至陳主司城貞子
家歲餘有隼集於陳庭而
死楛矢貫之石砮矢長尺
有咫陳閔公問孔子對曰
此肅慎氏之矢也昔武王
克商分陳以肅慎氏之矢
楛矢石砮試求故府果得
之

楛矢贯隼

孔子遂至陈主司城贞子家。岁余有隼集于陈庭而死，楛矢贯之。石砮，矢长尺有咫。陈闵公问孔子，对曰：「此肃慎氏之矢也。昔武王克商，分陈以肃慎氏之矢，楛矢石砮。」试求故府，果得之。

赞曰：有翩者准，毙于陈庭。楛矢石砮，祈圣以明。圣曰遐哉，本自周武。谓子不信，请质故府。

匡人解围

孔子去鲁适卫，去卫适陈，过匡。阳虎尝暴于匡，孔子状类阳虎，匡人拘孔子五日。孔子从者为宁武子臣于卫，然后得去。

赞曰：虎暴于匡，圣状偶同。彼方此仇，我适此逢。凤异枭音，麟殊兕迹。匪伊其昏，维圣斯厄。

孔子既不得於衛將
西見趙簡子至於河
而聞竇犨鳴犢舜華
之死也臨河而嘆曰
美哉水洋洋乎丘之
不濟此命也竇鳴犢
舜華國之賢大夫也
趙簡子未得志之須
此兩人而後從政及
其已得志殺之夫鳥
獸之於不義也尚知
避之而況乎丘哉乃
還
贊曰
我西我蛛
將見簡子
至河而返
爲傷賢士
覆窠鳳逝
諱傷其倫

临河而返

孔子既不得于卫，将西见赵简子。至于河，而闻窦犨鸣犊、舜华之死也。临河而叹曰：「美哉水，洋洋乎！丘之不济此，命也！窦鸣犊、舜华，国之贤大夫也。赵简子未得志之，须此两人而后从政。及其已得志，杀之，夫鸟兽之于不义也，尚知避之，而况乎丘哉？」乃还。

赞曰：我西我辕，将见简子。至河而返，为伤贤士。覆窠凤远，讳伤其伦。物类尚然，何况圣人！

麟衔玉书

先圣未生时，有麟衔玉书于阙里，其文曰：「水精子，继衰周而素王。」颜氏异之，乃以绣绂系麟角，信宿而去。怀妊十有一月而生先圣。

灵公问陈

孔子反乎卫，灵公问兵陈。孔子曰：「军旅之事，未之学也！」明日与孔子语，公见蜚雁，仰观之，色不在孔子。遂行，复如陈，时鲁定公三年，孔子年六十矣。

赞曰：嗟嗟卫灵，识凡志淫。耳聆圣语，目视蜚禽。敬弛于中，怠形于色。色斯举矣，义不苟得。

十六年壬戌四月己巳孔子病子貢
請見孔子方負杖逍遥於門而歌曰
泰山其頹乎梁木其壞乎哲人其萎
乎後七日而卒時孔子年七十三
贊曰
梁折山頹　哲人斯萎
聆子之歌　知道之衰
逍遥於門　奄忽而病
藏往知來　達生委命

梦奠两楹

十六年壬戌四月己巳，孔子病，子贡请见。孔子方负杖逍遥于门，而歌曰：「泰山其颓乎！梁木其坏乎！哲人其萎乎！」后七日而卒，时孔子年七十三。

赞曰：梁折山颓，哲人斯萎。聆子之歌，知道之衰。逍遥于门，奄忽而病。藏往知来，达生委命。

命名荣贶

□□□□□□□昭公以鲤鱼赐孔子，荣君之贶，故名鲤字伯鱼。

尼山致祷

《家语》云：孔子母徵在，祷于尼山而生孔子。首上圩顶，象尼丘，因名丘字仲尼。《史记》（注：中有数字不辨）实诞圣之本，故录（注；后缺数字）

女乐文马

哀公十四年丁巳孔子年
六十八季康子使人迎孔
子孔子歸魯魯終不用
孔子孔子亦不求仕乃序
書傳禮記刪詩正樂序易
彖象繫說卦文言弟子蓋
三千焉身通六藝者七十

删述六经

哀公十四年丁巳，孔子年六十八，季康子使人迎孔子，孔子归鲁。□鲁终不用孔子，孔子亦不求仕，乃序《书》传礼记，删《诗》正《乐》，序《易》彖、象、系、说卦、文言。弟子盖三千焉，身通六艺者七十二人。

赞曰：辙环天下，道不可行。曰归乎来，修我典刑。三千其徒，七十高弟。删述六经，垂宪万世。

适卫击磬

孔子过蒲适卫，与弟子击磬。有荷蒉而过门曰：「有心哉击磬乎！」既而曰：「鄙哉铿铿乎！莫已知也，斯已而已矣。深则厉，浅则揭。」孔子曰：「果哉末之难矣！」

赞曰：猗与圣心，不忘斯世。辙环天下，冀行厥志。荷蒉何知，蠡测管窥。决去不口，圣岂难为。

孔子去衛適曹是歲魯定
公卒孔子去曹過宋與弟
子習禮大樹下宋司馬桓
魋欲殺孔子拔其樹弟子
曰可以去矣孔子曰天生
德於予桓魋其如予何
贊曰
接淅去齊
微服過宋
蠢彼梟狸
欺我麟鳳
暴不殞義
直能勝阿
天生聖德
魋如之何

宋人伐木

孔子去卫适曹，是岁鲁定公卒。孔子去曹过宋，与弟子习礼大树下。宋司马桓魋欲杀孔子，拔其树。弟子曰：「可以去矣！」孔子曰：「天生德于予，桓魋其如予何！」

赞曰：接淅去齐，微服过宋。蠢彼枭狸，欺我麟凤。暴不殄义，直能胜阿。天生圣德，魋如之何！

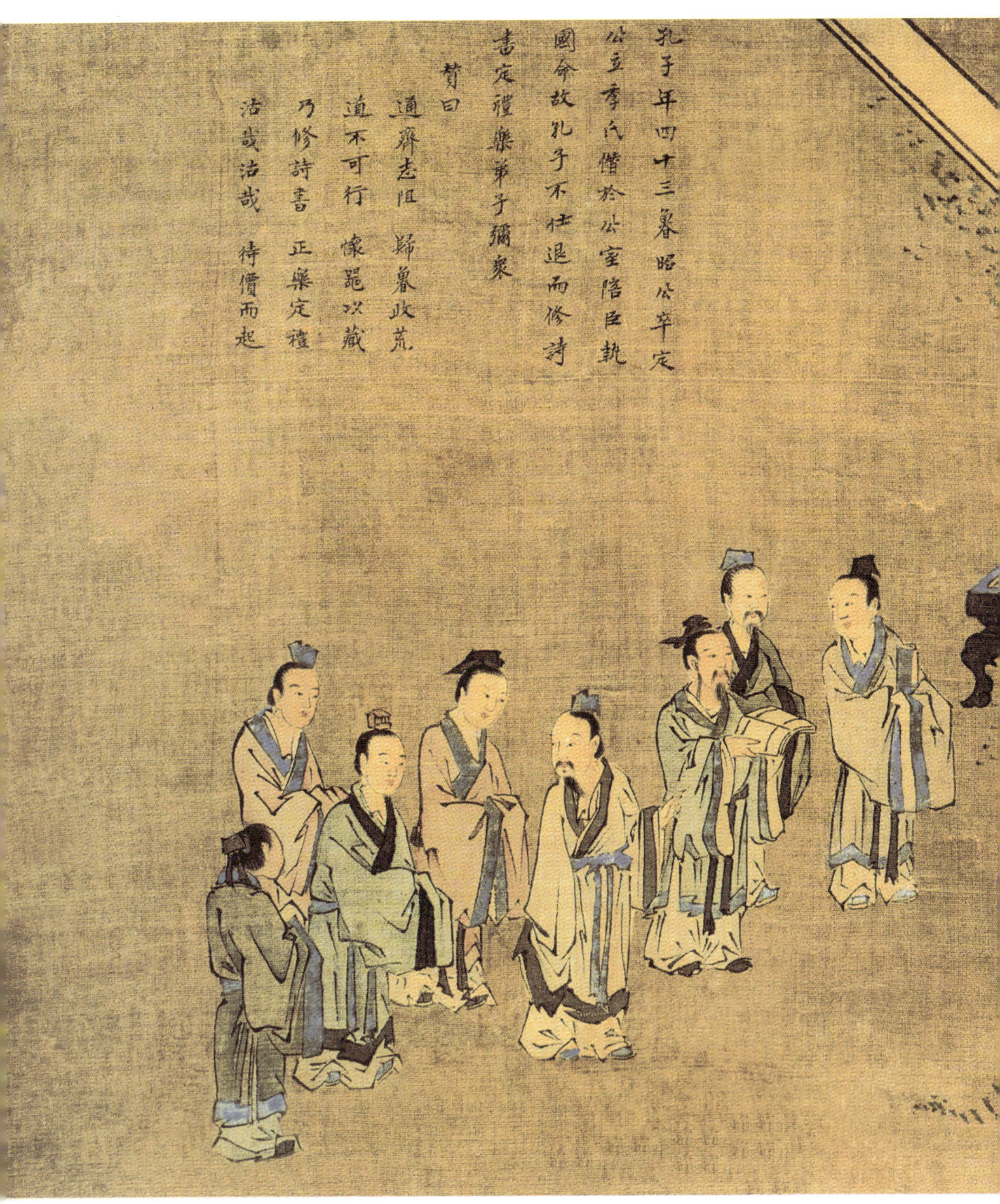

退修诗书

孔子年四十三，鲁昭公卒，定公立，季氏僭于公室，陪臣执国命，故孔子不仕，退而修《诗》、《书》，定《礼》、《乐》，弟子弥众。

赞曰：通齐志阻，归鲁政荒。道不可行，怀器以藏。乃修《诗》、《书》，正《乐》定《礼》。沽哉沽哉，待价而起。

孔子與南宮敬叔適周問禮於
老子朱子曰老子曾為周柱下
史故知禮節文所以問之
贊曰
維周柱史
習知禮文
乃枉聖躬
以廓聖聞
德比重華
好問好察
取人為善
異世同轍

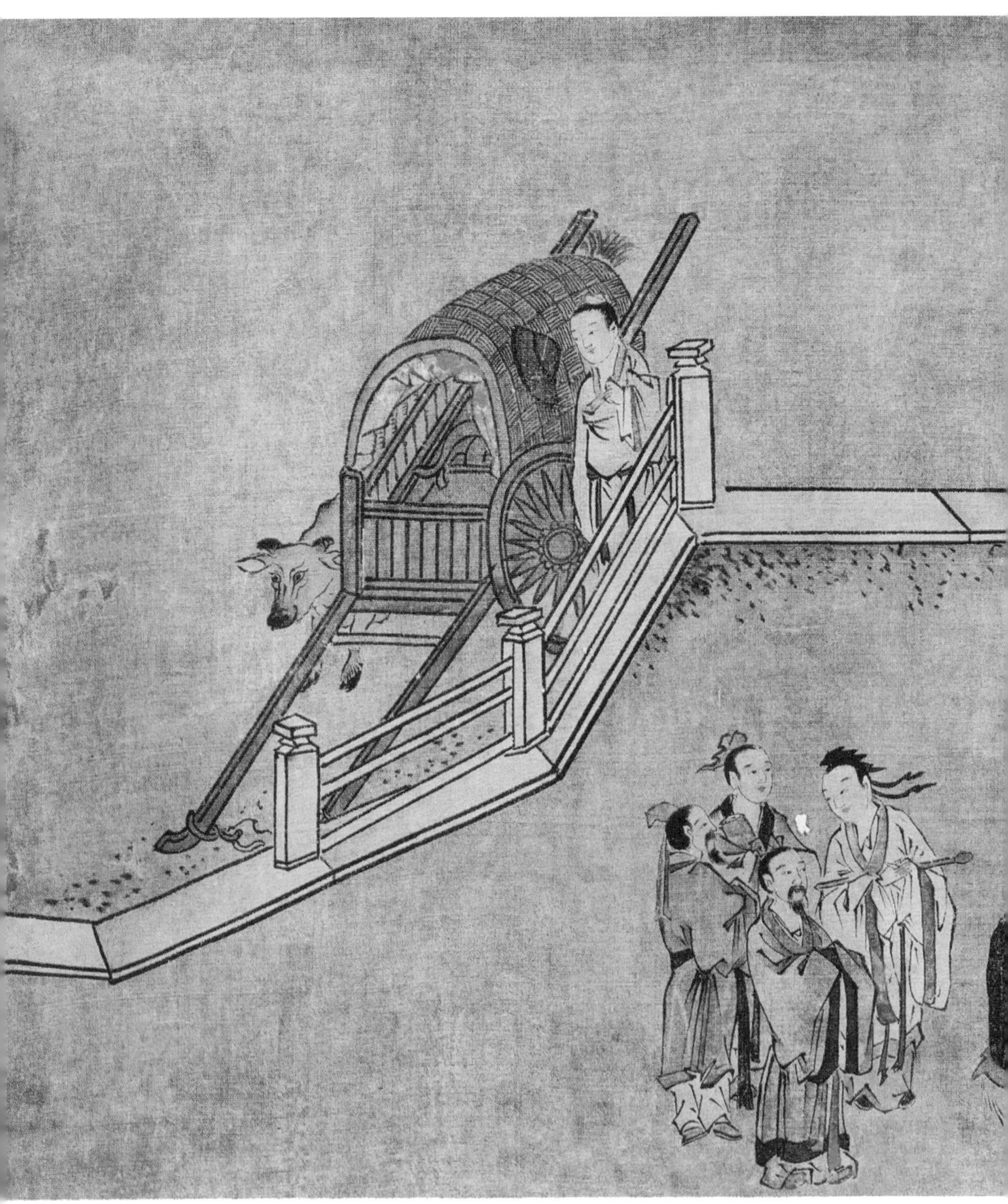

问礼老聃

孔子与南宫敬叔适周，问礼于老子。朱子曰：「老子曾为周柱下史，故知礼节文，所以问之。」

赞曰：维周柱史，习知礼文。乃枉圣躬，以廓圣闻。德比重华，好问好察。取人为善，异世同辙。

西狩获麟

十四年庚申，鲁西狩获麟。孔子感而作《春秋》。按《孔子丛》曰:「叔孙氏樵而获麟，众莫之识，弃之五父之衢。垂有告者曰：『麇身而肉角，岂天之□乎？』夫子往观之，泣曰：『麟也！麟，仁兽也。出而死，吾道穷矣！』」赞曰：王降而伯，雅亡而风。麟出毙矣，吾道其穷。既歌以哀，泪复沾裳。匪为物感，实维世伤。

学琴师襄

孔子学琴于师襄，十日不进。襄子曰：「可以益进矣。」孔子曰：「未得其数也。」有间，曰：「可以益矣。」曰：「未得其志也。」有间，曰：「可以益矣。」曰：「未得其人也。」有间，曰：「有所穆然深思焉，有所怡然高望而远志焉。」曰：「丘得其为人，黯然而黑，颀然而长，眼如望洋，非文王谁能为此也？」襄子避席再拜，曰：「师盖云《文王操》也。」

赞曰：圣无不知，奚襄是师。曰取其专，以操乃微。得数得志，复得其人。声入心通，大哉圣□。

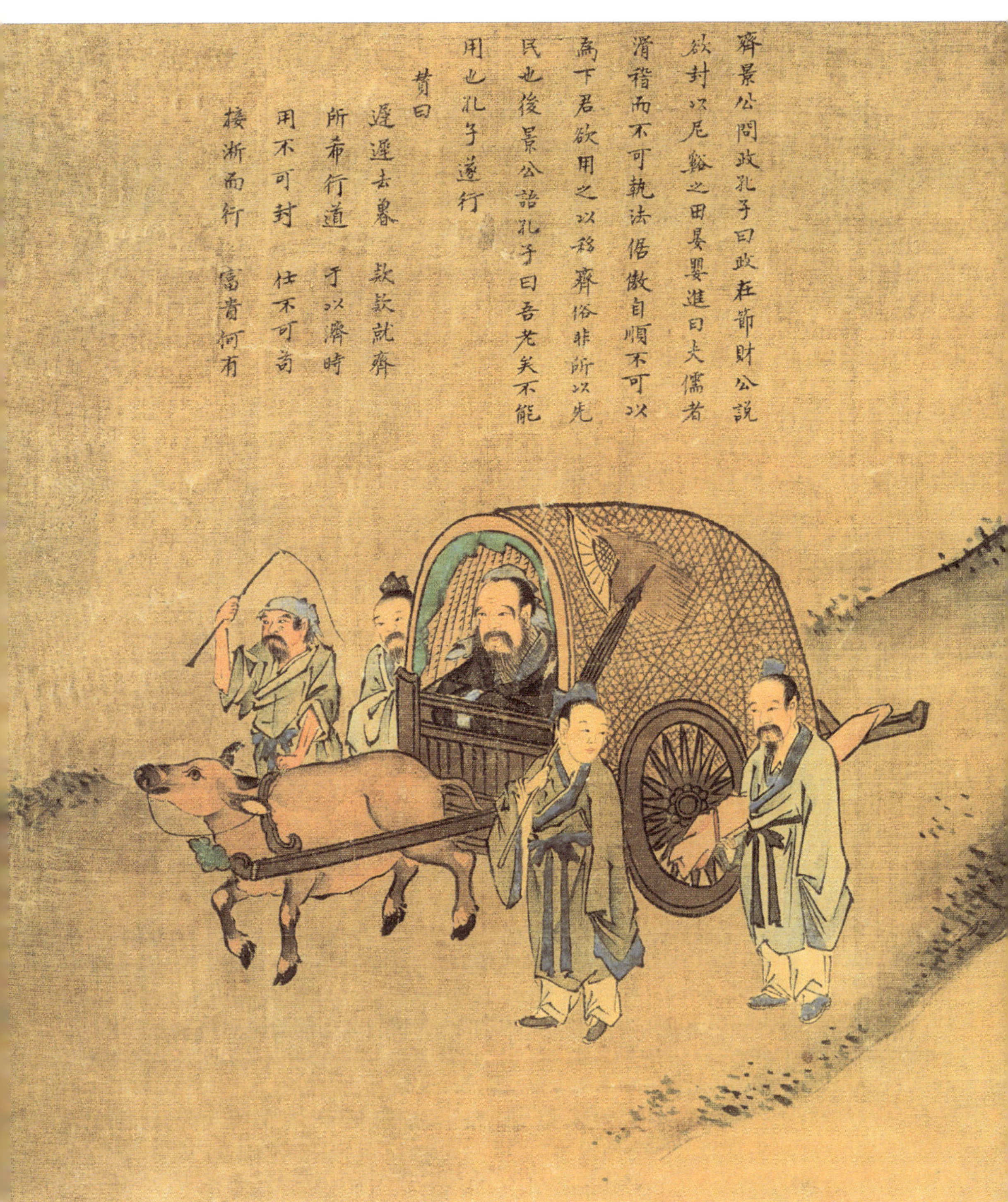

晏婴沮封

齐景公问政，孔子曰：「政在节财。」公说，欲封以尼谿之田。晏婴进曰：「夫儒者，滑稽而不可执法，倨傲自顺不可以为下。君欲用之以移齐俗，非所以先民也。」后景公语孔子曰：「吾老矣，不能用也。」孔子遂行。赞曰：迟迟去鲁，款款就齐。所希行道，可以济时。用不可封，仕不可苟。接淅而行，富贵何有。

齊人聞孔子為政懼曰
魯伯我為先併矣盍致
地焉黎鉏曰請先嘗沮
之而不可則致地庸遲
乎於是選女子八十人
皆衣紋衣而舞馬二十
駟以遺魯君魯君為周
道遊觀怠於政事孔子
遂行
贊曰
望魯相聖
強齊畏威
用袁遺憂
女樂乃歸
卯遂正移
始難終保
逝矣聖跡
尼哉吾道

因膰去鲁

齐人闻孔子为政，惧曰:「鲁伯我为先并矣。盍致地为犁锄？」曰:「请先尝沮之，而不可，则致地庸迟乎？」于是选女子八十人，皆衣纹衣而舞，马二十驷，以遗鲁君。鲁君为周道游观，怠于政事，孔子遂行。

赞曰：望鲁相圣，强齐畏威。用夷遏夏，女乐乃归。邪遂正移，始难终保。逖矣圣迹，尼哉吾道。

楚使人聘孔子孔子將往陳
蔡大夫謀曰孔子用於楚則
陳蔡危矣於是相與發徒圍
孔子於野不得行絶糧從者
病莫能興孔子講誦絃歌不
衰於是使子貢至楚昭王興
師迎孔子然後得免
贊曰
猗歟聖道
丁此屢屯
既畏於匡
復厄於陳
君子固窮
處困而亨
載絃載歌
不悶不驚

在陈绝粮

楚使人聘孔子，孔子将往。陈蔡大夫谋曰:「孔子用于楚，则陈蔡危矣！」于是相与发徒围孔子于野。不得行，绝粮，从者病，莫能与。孔子讲诵弦歌不衰，于是使子贡至楚昭王兴师迎孔子，然后得免。

赞曰：猗欤圣道，丁此屡屯。既畏于匡，复厄于陈。君子固穷，处困而亨。载弦载歌，不闷不惊。

孔子年三十五季氏子得罪魯昭公
公率師擊平子平子與三家共攻昭
公師敗奔齊孔子適齊為高昭子家
臣欲以通乎景公與太師語樂聞韶
音三月不知肉味齊人稱之
贊曰
推隨風靡　音遂政流
不圖於齊　乃聞舜韶
聲入心通　神會默識
食味尚忘　何況他事

在齐闻韶

孔子年三十五，季平子得罪鲁昭公。公率师击平子，平子与三家共攻昭公。师败奔齐。孔子适齐，为高昭子家臣，欲以通乎景公。与太师语乐，闻《韶》音，三月不知肉味。齐人称之。

赞曰：雅随风靡，音逐政浇。不图于齐，乃闻舜《韶》。声入心通，神会默识。食味尚忘，何况他事。

职司乘田

孔氏子尝为季氏司檝吏，而畜蕃息。

赞曰：于皇尼父，不卑小官。少登仕版，乃司乘田。我畜既蕃，我职孔修。素位而行，安事外求。

职司委吏

孔子既长，尝为季氏委吏，料量平。

赞曰：宣圣筮仕，委积是司。会计当理，料量适宜。才□□卑，安行自□。不□尽才，所□□□。

弟子皆
三年畢相訣而去各
復
哀惟子貢廬於冢上凡
六年然後去弟子及魯人往
從冢上而家者百有餘室
贊曰
從遊三千
恩義並全
若父無服
心喪三年
既訣而離
哀思孔悲
賢哉賜也
相依

治任别归

孔子葬鲁城北泗上，弟子皆服，心丧三年，毕，相诀而去，各复尽哀，惟子贡庐于冢上，凡六年然后去。弟子及鲁人往从冢上而家者百有余室。

赞曰：从游三千，恩义并全。若父无服，心丧三年。既诀而离，哀思孔悲。贤哉赐也，六载相依。

诛少正卯

定公十四年，孔子年五十六，由大司寇摄行相事，诛鲁乱政大夫少正卯。与闻国政三月，粥羔豚弗饰价，男女行者别于途，道不拾遗。

赞曰：圣辅秉钧，皋夔比德。锄暴遂良，阳嘘阴吸。能行周道，仁及草莱。期月而已，□□□□。

明年孔子自陳遷於蔡如葉去葉反
于蔡長沮桀溺耦而耕孔子過之使
子路問津焉曰滔滔者皆是也而誰
以易之且而與其從避人之士也豈
若從避世之士哉耰而不輟

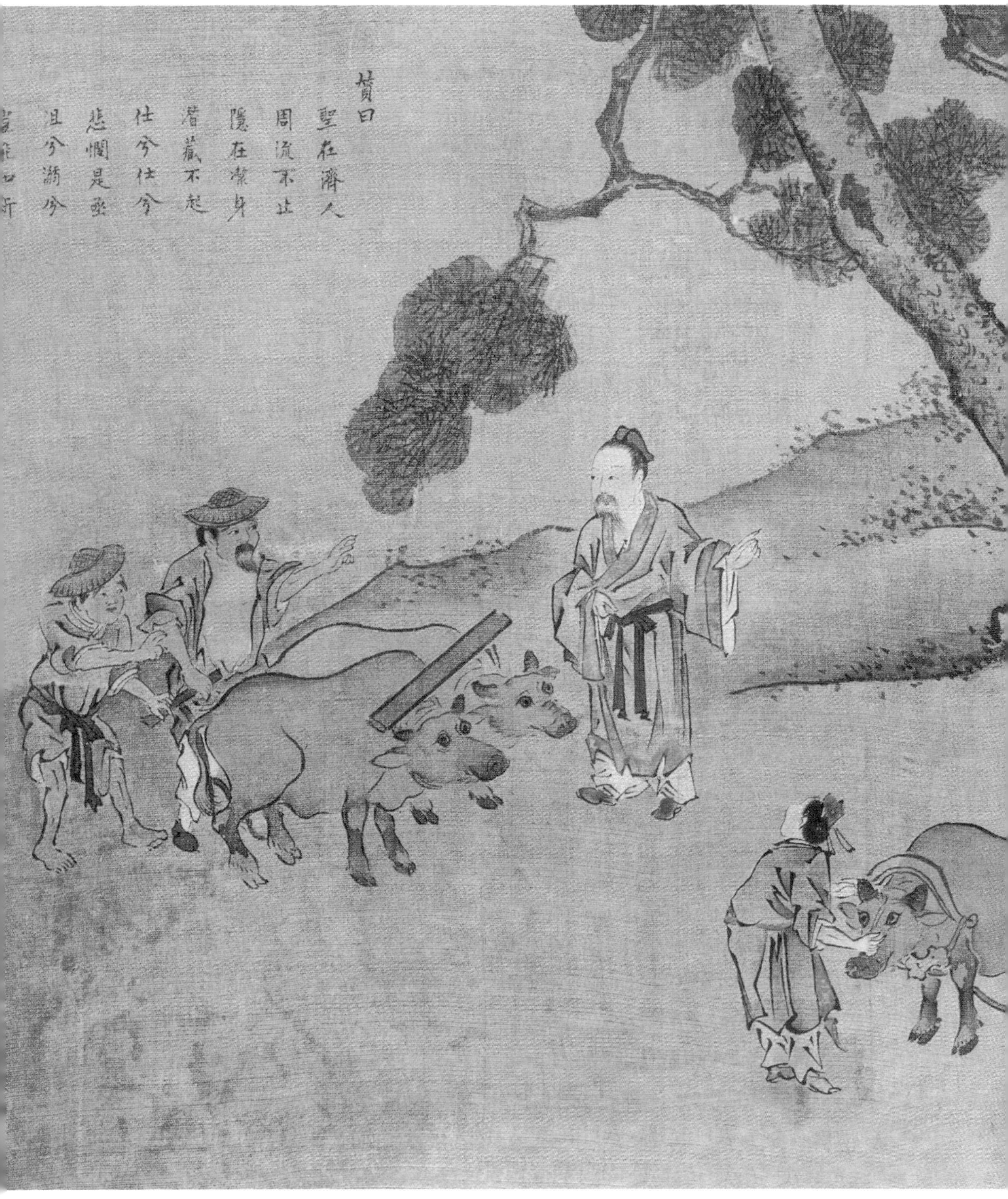

子路问津

明年，孔子自陈迁于蔡，如叶，去叶，反乎蔡。长沮、桀溺耦而耕，孔子过之，使子路问津焉。曰:「滔滔者皆是也，而谁以易之？且而与其从避人之士也，岂若从避世之士哉？」耰而不辍。

赞曰：圣在济人，周流不止。隐在洁身，潜藏不起。仕兮仕兮，悲悯是亟。沮兮溺兮，岂能知斯？

子西沮封

楚昭王将以书社之地封孔子，会尹子西谏曰：「王之出使诸侯有如子贡者乎？辅相有如颜回者乎？将率有如子路者乎？官尹有如宰予者乎？孔子得据土壤，贤弟子为之佐，非楚之福也！」昭王乃止。于是孔子自楚反乎卫。时孔子年六十三，鲁襄公六年也。

赞曰：齐封尼溪，晏婴拒之。楚封书社，子西沮之。茫茫列国，竟谁与之？待价而沽，肯轻处之？

俎豆礼容

□□孔子生而叔梁纥死。孔子为儿，嬉戏常陈俎豆，设礼容。

赞曰：尼父嬉戏，俎豆是持。登降俯仰，有容有仪。不学而能，不闻而知。化洽群童，名传列国。

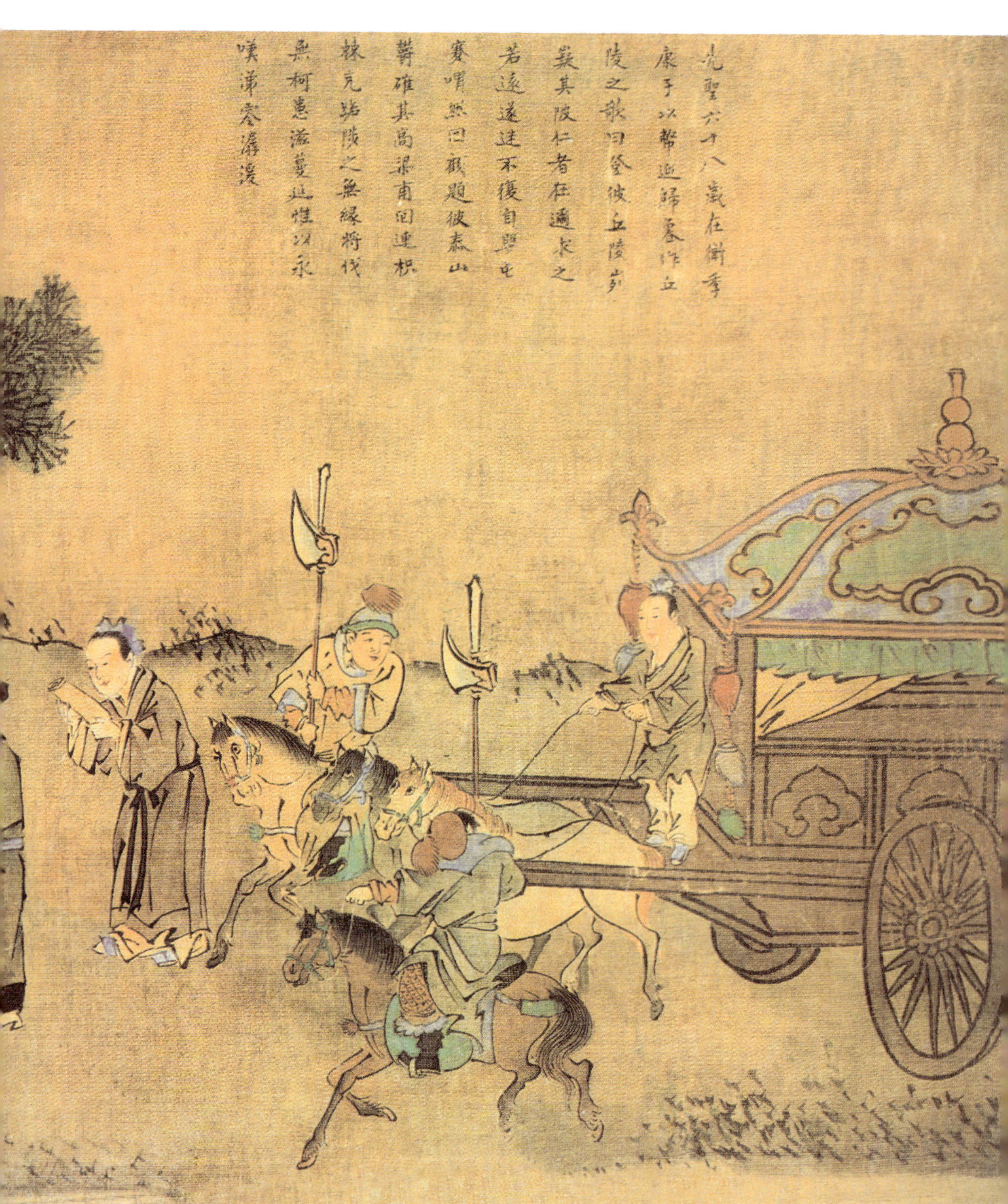

作歌丘陵

先圣六十八岁，在卫，季康子以币迎归鲁。作《丘陵之歌》曰：登彼丘陵，峛崺其陂。仁者在迩，求之若远。遂迷不复，自婴顿蹇。喟然回顾，题彼泰山。郁确其高，梁甫回连。枳棘充路，陟之无缘。将伐无柯，患滋蔓延。惟以永叹，涕零潺湲！

日本正平甲辰本論語集解

覆正平本論語集解

遵義黎氏校刊

論語序

敘曰漢中壘校尉劉向言。魯論語二十篇。皆孔子弟子記諸善言也。太子太傅夏侯勝。前將軍蕭望之。丞相韋賢及子玄成等傳之齊論語二十二篇。其二十篇中章句頗多於魯論。瑯琊王卿及膠東庸生。昌邑中尉王吉皆以教之。故有魯論。有齊論。魯恭王時。嘗欲以孔子宅爲宮。壞得古文論語。齊論有問王知道多於魯論二篇古論亦無此二篇。分堯曰下章子張問以爲

一篇。有兩子張。九二十一篇。篇次

不與齊魯論同。安昌侯張禹。本受

魯論。兼講齊說。善從之。號曰張侯

論。爲世所貴。甞氏周氏章句出焉

古論唯博士孔安國爲之訓說而

世一不傳。至順帝二時。南郡太守馬融

亦為之訓說。漢末太司農鄭玄就魯論篇章考之齊古。以為之註。近故司空陳羣太常王肅博士周生烈皆為義說。前世傳受師說雖有異同。不為訓解。中間為之訓解至于今多矣。所見不同。互有得失。今集諸家之善說。記其姓名。有不安者頗爲改易。名曰論語集解。光禄大夫關内侯臣孫邕。光禄大夫臣鄭冲。散騎常侍中領軍安鄉亭侯臣曹羲。侍中臣荀顗。尚書駙馬都尉關内侯臣何晏等上。

一 三

論語學而第一

何晏集解　凡十六章

子曰學而時習之不亦悅乎馬融曰子者男子之通稱謂孔子也王肅曰時者學者以時誦習之誦習以時學無廢業所以爲悅懌也有朋自遠方來不亦樂乎包氏曰同門曰朋也人不知而不慍不亦君子乎慍怒也凡人有所不知君子不慍也有子

曰孔安國曰弟子有若其爲人也孝悌而好
犯上者鮮矣鮮少也上謂凡在己上者言孝悌之人必
有恭順好欲犯其上者少也不好犯上而好作
亂者未之有也君子務本本立而
道生本基也基立而後可大成也孝悌也者其
仁之本與先能事父兄然後可乃仁成也子曰巧

言令色鮮矣仁包氏曰巧言好其言語令色善其顔色皆欲令人說之少能有仁也曾子曰馬融曰弟子曾參也吾日三省吾身爲人謀而不忠乎與朋友交言而不信乎傳不習乎言凡所傳之事得無素不講習而傳乎子曰導千乘之國馬融曰導謂爲之政教也司馬法六尺爲步步百爲畝畝

百為夫夫三為屋屋三為井井十為通通十為城城出革車一乘然則千乘之賦其地千城也居地方三百一十六里有奇唯公侯之封乃能容之雖大國之賦亦不是過焉苞氏曰導治千乘之國者百里之國也古者井田方里為井井十為乘百里之國適千乘也馬融依周礼苞氏依王制孟子義疑故兩存焉之

敬事而信

苞氏曰為國者舉事必敬慎與民必誠信五也

節用而愛人

（苞氏曰節用不奢侈國以民爲本故愛養也）使民以時（苞氏曰作使民必以其時不妨奪農務也）子曰弟子入則孝出則悌謹而信汎愛衆而親仁行有餘力則以學文（馬融曰文者古之遺文也）子夏曰賢賢易色（孔安國曰子夏弟子卜商也言以好色之心好賢則善也）事父母能竭其力

事君能致其身孔安國曰盡忠節不愛其身也與朋友交言而有信雖曰未學吾必謂之學矣子曰君子不重則不威學則不固孔安國曰固弊也一曰言人不敢重既無威學又不能堅固識其義理也主忠信無友不如己者過則勿憚改鄭玄曰主親也憚難也曾子

曰慎終追遠民德歸厚矣孔安國曰慎終者喪盡其哀也追遠者祭盡其敬也人君行此二者民化其德而皆歸於厚也子禽問於子貢曰夫子至於是邦也必聞其政求之與抑與之與鄭玄曰子禽弟子陳亢也子貢弟子姓端木名賜字子貢也亢怪孔子所至之邦必與聞其邦政求而得邪抑人君自願與爲治也

子貢曰夫子溫良恭儉讓以得之夫子之求也其諸異乎人求之與鄭玄曰言夫子行此五德而得之與人求異明人君自願與爲治也

子曰父在觀其志父沒觀其行孔安國曰父在子不得自專故觀其志而已父沒乃觀其行也三年無改於父之道可謂孝矣孔安國曰孝子

一七

在喪哀慕猶若父在無所改於父之道也

有子曰：禮之用和為貴，先王之道斯為美，小大由之。有所不行，知和而和，不以禮節之，亦不可行也。

馬融曰：人知禮貴和，而每事從和，不以禮為節，亦不可行也。

有子曰：信近於義，言可復也。

復猶覆也。義不必信，信不必義也。以其言可反復

覆故曰近於義也 恭近於禮遠恥辱也 管氏
曰恭不合禮非禮也以其能遠恥辱故曰近於禮也 因不失
其親亦可宗也 孔安國曰因親也言所親不失其親
亦可宗敬也 子曰君子食無求飽居無
求安 鄭玄曰學者之志有所不暇也 敏於事而慎
於言就有道而正焉可謂好學也

已矣孔安國曰敏疾也有道有道德者也正謂問事是非也

子貢曰貧而無諂富而無驕何如子曰可也孔安國曰未足多也未若貧而樂道富而好禮者也鄭玄曰樂謂志於道不以貧賤爲憂苦也

子貢曰詩云如切如磋如琢如磨其斯之謂與孔安國曰能貧而樂道富而好

禮能自切磋琢磨者也 子曰賜也始可與言詩已矣告諸往而知來者也 孔安國曰諸之也子貢知引詩以成孔子義善取類也故然之往告以貧而樂道来者以切磋琢磨者 子曰不患人之不已知患已不知人也

論語爲政第二 何晏集解 凡廿四章

子曰為政以德譬如北辰居其所而衆星共之苞氏曰德者無爲譬猶北辰之不移而衆星共之子曰詩三百孔安國曰篇之大數也一言以蔽之苞氏曰蔽猶當也曰思無邪苞氏曰歸於正子曰道之以政孔安國曰政謂法教齊之以刑馬融曰齊整之以刑罰也民免而無恥

一九

孔安國曰苟免罪也導之以德苞氏曰德謂道德齊之以禮有恥且格格者正也子曰吾十有五而志于學三十而立有所成立也四十而不惑孔安國曰不疑惑也五十而知天命孔安國曰知天命之終始也六十而耳順鄭玄曰耳順聞其言而知其微旨也七十而縱心所

欲不踰矩馬融曰矩法也縱心所欲無非法也孟懿子問孝孔安國曰魯大夫仲孫何忌懿謚也子曰無違樊遲御子告之曰孟孫問孝於我我對曰無違鄭玄曰孟孫不曉無違意將問於樊遲故告之樊遲弟子樊須也樊遲曰何謂也子曰生事之以禮死葬之以禮祭之

以禮孟武伯問孝子曰父母唯其疾之憂馬融曰武伯懿子之子仲孫彘也武謚也言孝子不妄為非唯疾病然後使父母憂耳也子游問孝孔安國曰子游弟子也姓言名偃也子曰今之孝者是謂能養至於犬馬皆能有養不敬何以别乎包氏曰犬以守禦馬以代勞能養人者一曰人之防

一 十一

養乃能至於犬馬不敬則無以別孟子曰養而弗愛豕畜也愛而弗敬也獸畜也子夏問孝子曰色難色難謂承順父母顏色乃爲難也有事弟子服其勞有酒食先生饌馬融曰先生謂父兄饌飲食也曾是以爲孝乎馬融曰孔子喻子夏曰服勞先食汝謂此爲孝乎未足爲孝也承順父母顏色乃爲孝耳也子曰吾與

回言終日不違如愚孔安國曰回弟子也姓顏字子淵魯人也不違者無所怪問於孔子之言默而識之如愚也退而省其私亦足以發回也不愚孔安國曰察其退還與二三子說釋道義發明大體知其不愚也

子曰視其所以以用也言視所其行用也觀其所由由經也言觀其所經從也察其所安人焉

一　十二

廋哉人焉廋哉孔安國曰廋匿也言觀人終始安有所匿其情也子曰温故而知新可以為師矣温尋也尋繹故者又知新可以為師也子曰君子不器苞氏曰器者各周其用至於君子無所不施也子貢問君子子曰先行其言而後從之孔安國曰疾小人多言而行不周也子曰君子周

而不比孔安國曰忠信爲周阿黨爲比也小人比

而不周子曰學而不思則罔包氏曰學

而不尋思其義理則罔然無所得之也思而不學則殆

不學而思終卒不得使人精神疲殆也子曰攻乎異

端斯害也已矣攻治善道有統故殊塗而同歸異端

不同歸也子曰由誨汝知之乎孔安國曰由弟

一 十三

子也姓仲名由字子路也知之為知之不知為不知是知也子張學干祿鄭玄曰子張弟子姓顓孫名師字子張干求也祿祿位也子曰多聞闕疑慎言其餘則寡尤苞氏曰尤過也疑則闕之其餘不疑猶慎言之則少過也多見闕殆慎行其餘則寡悔苞氏曰殆危也所見危者闕而不行則少悔也

言寡尤行寡悔祿在其中矣鄭玄曰言行如此雖不得祿得祿之道也哀公問曰何爲則民服苞氏曰哀公魯君之謚也孔子對曰舉直錯諸枉則民服苞氏曰錯置也舉用正直之人廢置邪枉之人則民服其上也舉枉錯諸直則民不服季康子問使民敬忠以勸如之

何孔安國曰魯卿季孫肥也康謚也子曰臨之以

莊則敬苞氏曰莊嚴也君臨民以嚴則民敬其上也孝

慈則忠苞氏曰君能上孝於親下慈於民則民忠也舉

善而教不能則民勸苞氏曰舉用善人而教不

能者則民勸也或謂孔子曰子奚不爲政

苞氏曰或人以爲居位乃是爲政也子曰書云孝乎

惟孝友于兄弟施於有政是亦爲政也奚其爲爲政也包氏曰孝乎惟孝美孝之辭也友于兄弟善於兄弟施行也所行有政道即是與爲政同也

子曰人而無信不知其可也孔安國曰言人而無信其餘終無可也大車無輗小車無軏其何以行之哉包氏曰大車牛車也輗者轅端

十五

撗木以縛枙者也小車四馬車也軏者轅端上曲拘衡者也

子張問十世可知也孔安國曰文質禮變也

子曰殷因於夏禮所損益可知也周因於殷禮所損益可知也馬融曰所因謂三綱五常也所損益謂文質三統也

其或繼周者雖百世亦可知馬融曰物類相招勢數相生其變有常故

可豫知也

子曰非其鬼而祭之諂也鄭玄曰人神曰鬼非其祖考而祭之是諂以求福也見義不為無勇孔安國曰義者所宜為也而不能為是無勇也

論語卷第二

經一千四百七十字

註一千五百一十三字

論語八佾第三　何晏集解　凡廿六章

孔子謂季氏八佾舞於庭是可忍也孰不可忍也馬融曰孰誰也佾列也天子八佾諸侯六佾大夫四士二八人為列八八六十四人也魯以周公故受王者礼樂有八佾之舞今季桓子僭於其家廟僭之故孔子譏之也

二

三家者以雍徹馬融曰三家者謂仲孫叔孫季孫也

雍周頌臣工篇名也天子祭於宗廟歌之以徹祭今三家亦作此樂者也

子曰相維辟公天子穆穆奚取於三家之堂邕氏曰辟公謂諸侯及二王之後也穆穆天子之容也雍篇歌此者有諸侯及二王之後來助祭故也今三家但家臣而已何取此義而作之於堂邪也

子曰人而不仁如禮何人而不仁如樂何邕氏曰言

人而不仁必不能行禮樂也林放問禮之本鄭玄曰林放魯人也子曰大哉問禮與其奢也寧儉喪與其易也寧戚包氏曰易和易也言禮之本意失於奢不如儉也喪失於和易不如哀戚也子曰夷狄之有君不如諸夏之亡也包氏曰諸夏中國也亡無也季氏旅於泰山子謂

冉有曰汝不能救與馬融曰旅祭名也禮諸侯祭山川在其封內者今陪臣祭泰山非禮也冉有弟子冉求也時仕於季氏救猶止也對曰不能子曰嗚呼曾謂泰山不如林放乎包氏曰神不享非禮林放尚知禮泰山之神反不如林放邪欲誣而祭之子曰君子無所爭必也射乎孔安國曰言於射而後有爭也

揖讓而升下而飲王肅曰射於堂升及下皆揖讓而相飲也其爭也君子馬融曰多筭飲少筭君子之所爭也

子夏問曰巧笑倩兮美目盼兮素以爲絢兮何謂也馬融曰倩笑皃盼動目皃也絢文皃也此上二句在衛風碩人二章其下一句逸也子曰繪事後素鄭玄曰繪畫文也凡畫繪先布衆色然後以素

分其間以成其文喻美女雖有倩盼美質亦須禮以成之也曰禮後乎孔安國曰孔子言繪事後素子夏聞而解知以素喻礼故曰礼後乎子曰起予者商也始可與言詩已矣包氏曰予我也孔子言子夏能發明我意可與共言詩已矣子曰夏禮吾能言之杞不足徵殷禮吾能言之宋不足徵也

苞氏曰徵成也杞宋二國名也夏殷之後也夏殷之禮吾能說之杞宋之君不足以成之也

文獻不足故也足則吾能徵之矣

鄭玄曰獻猶賢也我能不以其禮成之者以此二國之君文章賢才不足故也

子曰禘自既灌而往者吾不欲觀之矣

孔安國曰禘祫之禮為序昭穆也故毀廟之主及群廟之主皆合食於太祖灌者酌鬱鬯

灌於太祖以降神也既灌之後別尊卑序昭穆而魯逆祀躋僖公亂昭穆故不欲觀之矣

或問禘之説子曰不知也孔安國曰荅以不知者為魯君諱也知其説者之於天下也其如示諸斯乎指其掌包氏曰孔子謂或人言知禘禮之説者於天下之事如指示以掌中之物言其易了也

祭如在孔安國曰言事死如事生也

祭神如神在孔安國曰謂祭百神也子曰吾不與祭如不祭包氏曰孔子或出或病而不自親祭使攝者爲之不致敬於心與不祭同也王孫賈問曰與其媚於奧寧媚於竈何謂也孔安國曰王孫賈衛大夫也奧内也以喻近臣也竈以喻執政也賈者執政者也欲使孔子求昵之故微以世俗之言感動之子曰不

然獲罪於天無所禱也孔安國曰天以喻君孔子距之曰如獲罪於天無所禱於衆神也

子曰周監於二代郁郁乎文哉吾從周孔安國曰監視也言周文章備於二代當從周也

子入太廟包氏曰太廟周公廟也孔子仕魯魯祭周公而助祭也每事問

或曰孰謂鄹人之子知禮乎入太

廟每事問

孔安國曰鄹孔子父叔梁紇所治邑也時人多言孔子知礼或人以為知礼者不當復問也

子聞之曰是禮也

孔安國曰雖知之當復問慎之至也

子曰射不主皮

馬融曰射有五善焉一曰和志體和也二曰和容有容儀也三曰主皮能中質也四曰和頌合雅頌也五曰興僎與舞同也天子有三侯以熊虎豹皮為之言射者不但以中皮為善亦兼取

和容也為力不同科古之道也馬融曰為力為力役之事也亦有上中下設三科焉故曰不同科之也子貢欲去告朔之餼羊鄭玄曰牲生曰餼禮人君每月告朔於廟有祭謂之朝享也魯自文公始不視朔子貢見其礼廢故欲去其羊也子曰賜也汝愛其羊我愛其禮苞氏曰羊在猶所以識其礼也羊亡礼遂廢也子

曰事君盡禮人以爲諂孔安國曰時事君者多無礼故以有礼者爲諂也定公問君使臣臣事君如之何孔安國曰定公魯君謚也時臣失礼定公患之故問也孔子對曰君使臣以禮臣事君以忠子曰關雎樂而不滛哀而不傷孔安國曰樂而不至滛哀而不至傷言其和也

公問社於[二]宰[七]我宰我對曰夏后氏以松殷人以栢周人以栗曰使民戰栗也孔安國曰凡建邦立社各以其土所宜之木宰我不本其意妄爲之說因周用栗便云使民戰栗之也子聞之曰成事不說苞氏曰事已成不可復解說也遂事不諫苞氏曰事已遂不可復諫止也既往不咎苞氏

曰事已往不可復追非咎也孔子非宰我故歷言三者欲使慎其後也

子曰管仲之器小哉言其器量小也或曰管仲儉乎苞氏曰或人見孔子小之以為謂之太儉也曰管氏有三歸官事不攝焉得儉乎苞氏曰三歸娶三姓女也婦人謂嫁為歸攝猶兼也礼國君事大官各有人大夫幷兼今管仲家臣備職非為儉也曰然

則管仲知禮乎苞氏曰或人以儉問故荅以安得儉或人聞不儉更謂為得礼也曰邦君樹塞門管氏亦樹塞門邦君為兩君之好有反坫管氏亦有反坫鄭玄曰反坫反爵之坫也在兩楹之間人君有別外內於門樹屏以蔽之也若與鄰國君為好會其獻酢之礼更酌酌畢則各反爵於坫上今管仲皆僭為之如是

是不知礼也

管氏而知礼孰不知礼子語魯太師樂曰樂其可知已也始作翕如也大師樂官名也五音始奏翕如盛也從之純如也從讀曰縱言五音既發放縱盡其聲純純和諧也皦如也言其音節明也繹如也以成縱之以純如皦如繹如言樂始於翕如而成於三也儀封人請見

鄭玄曰儀蓋衛邑也封人官名也曰君子之至於斯者吾未嘗不得見也從者見之苞氏曰從者弟子隨孔子行者也通使得見也出曰二三子何患於喪乎天下之無道久矣孔安國曰語諸弟子言何患於夫子聖德之將喪亡耶天下之無道已久矣極衰必有興也天將以夫子爲木鐸

孔安國曰木鐸施政教之時所振也言天將命孔子制法度以号令於天下也

子謂韶盡美矣又盡善也孔安國曰韶舜樂也謂以聖德受禪故曰盡善也謂武盡美矣未盡善也孔安國曰武武王樂也以征伐取天下故曰未盡善也

子曰居上不寬爲禮不敬臨喪不哀吾何以觀之哉

二十

論語里仁第四

何晏集解　凡廿六章

子曰里仁爲善鄭玄曰里者民之所居也居於仁者之里是爲善也擇不處仁焉得智鄭玄曰求善居而不處仁者之里不得爲有智也

子曰不仁者不可以久處約孔安國曰久困則爲非也不可以長處樂孔安國曰必驕佚也仁者安仁包氏曰惟

性仁者自然躰之故謂安仁也智者利仁王肅曰知仁爲美故利行之也子曰唯仁者能好人能惡人孔安國曰唯仁者能審人好惡也子曰苟志於仁矣無惡孔安國曰苟誠也言誠能志於仁者則其餘無惡也子曰富與貴是人之所欲也不以其道得之不處也孔安國曰不以其道得富

二十

貴不處也貧與賤是人之所惡不以其

道得之不去時有否泰故君子履道而反貧賤此則不

以其道而得之者也雖是人之所惡不可違而去也君子去

仁惡乎成名孔安國曰惡乎成名者不得成名爲君子

也君子無終食之間違仁造次必

於是顛沛必於是馬融曰造次急遽也顛沛僵仆

也雖急遽僵仆不違於仁也子曰我未見好仁者惡不仁者好仁者無以尚之孔安國曰難復加也惡不仁者其爲仁矣不使不仁者加乎其身孔安國曰言惡不仁者能使不仁者不加非義於己不如好仁者無以加尚爲之優也有能一日用其力於仁矣乎我未見力

二 十三

不足者也孔安國曰言人無能一日用其力脩仁者耳我未見欲爲仁而力不足者也蓋有之乎我未之見也孔安國曰謙不欲盡誣時人言不能爲仁故云爲能有耳其我未見也

子曰民之過也各於其黨觀過斯知仁矣孔安國曰黨黨類也小人不能爲君子之行非小人之過也當恕而勿責之觀過使賢愚各當其所則爲

仁之也

子曰朝聞道夕死可矣言將至死不聞世之有道也

子曰士志於道而恥惡衣惡食者未足與議也

子曰君子之於天下也無適也無莫也義之與比也言君子於天下無適無莫無所貪慕也唯義之所在也

二 十三

子曰君子懷德孔安國曰懷安也小人

懷土孔安國曰重遷也君子懷刑孔安國曰安於 二 十三

法也小人懷惠苞氏曰惠恩惠也子曰放於

利而行孔安國曰放依也每事依利而行也多怨孔安

國曰取怨之道也子曰能以禮讓爲國乎

何有何有者言不難之也不能以禮讓爲國

如禮何苞氏曰如礼何者言不能用礼也子曰不

患無位患所以立不患莫己知也
求爲可知也包氏曰求善道而學行之則人知己也
子曰參乎吾道一以貫之哉曾子
曰唯孔安國曰直曉不問故荅曰唯也子出門人
問曰何謂也曾子曰夫子之道忠
恕而已矣子曰君子喻於義小人 二 十四

喻於利孔安國曰喻猶曉也子曰見賢思齊焉苞氏曰思與賢者等也見不賢者而內自省也子曰事父母幾諫苞氏曰幾微也當微諫納善言於父母也見志不從又敬不違勞不怨苞氏曰見志者見父母志有不從己諫之色則又當恭敬不敢違父母意而遂己諫也子曰父母在子不

遠遊遊必有方鄭玄曰方猶常也子曰三年無改於父之道可謂孝矣鄭玄曰孝子在喪哀慼思慕無改其父之道非心所忍為也子曰父母之年不可不知也一則以喜一則以懼孔安國曰見其壽考則喜見其衰老則懼之也子曰古者言之不出也恥躬之不逮

也尹氏曰古之人言不妄出口者爲恥其身行之將不及也子曰以約失之者鮮矣孔安國曰俱不得中也奢則驕溢則招禍儉約則無憂患也子曰君子欲訥於言而敏於行尹氏曰訥遲鈍也言欲遲鈍而行欲敏也子曰德不孤必有鄰方以類聚同志相求故必有鄰也是以不孤也子游曰事君數斯辱

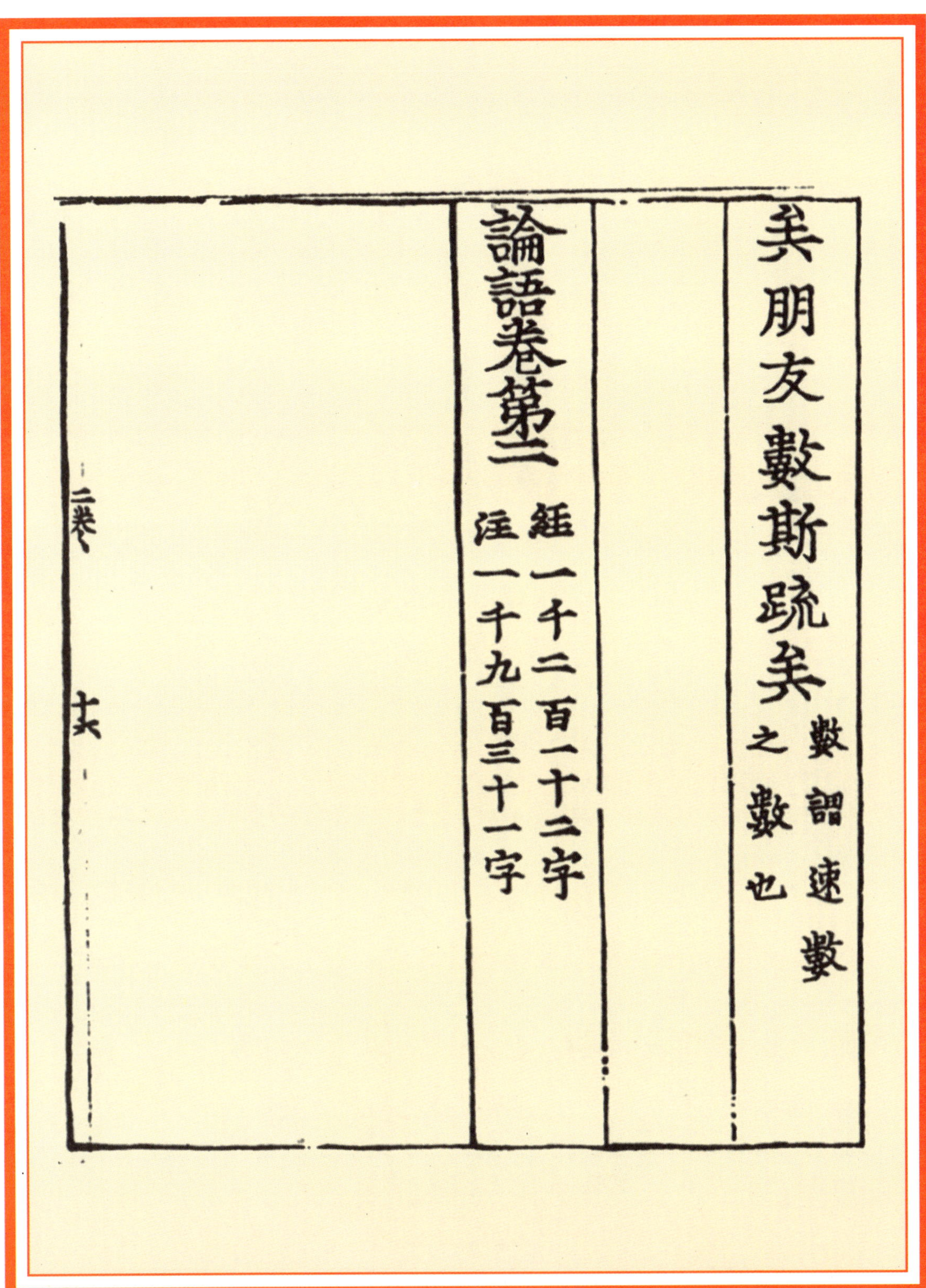

矣朋友數斯踈矣數謂速數之數也

論語卷第二 經一千二百一十二字 注一千九百三十一字

二卷 十六

論語公冶長第五　何晏集解　凡廿九章

子謂公冶長可妻也雖在縲紲之中非其罪也以其子妻之孔安國曰公冶長弟子魯人也姓公冶名長也縲黑索紲攣也所以拘於罪人也

子謂南容邦有道不廢邦無道免於刑戮以其兄之子妻之王肅曰南容弟

三

子南官縚也魯人也字子容不癈言見任用也子謂子賤孔安國曰子賤魯人弟子宓不齊也君子哉若人魯無君子者斯焉取斯苞氏曰若人若此人也如魯無君子子賤安得此行而學行之子貢問曰賜也如何子曰汝器也孔安國曰言汝器用之人也曰何器也曰瑚璉也苞氏曰瑚璉者黍稷之器

也夏曰瑚殷曰璉周曰簠簋宗廟器之貴者也或曰雍也仁而不佞馬融曰雍弟子仲弓名也姓冉也子曰焉用佞也禦人以給屢憎民不知其仁也焉用佞也孔安國曰屢數也佞人口辭捷給數爲民之所憎之也子使漆彫開仕對曰吾斯之未能信孔安國曰開弟子也漆彫姓也開名

也仕進之道未能信者未能究習也子說鄭玄曰喜其志道深也

子曰道不行乘桴浮於海從我者其由也與馬融曰桴編竹木也大者曰筏小者曰桴

子路聞之喜孔安國曰喜與已俱行矣

子曰由也好勇過我無所取材鄭玄曰子路信夫子欲行故言好勇過我也無所取材者言無所取桴材也以子路不解

微言故戲之耳也一曰子路聞孔子欲浮海便喜不復顧望故孔子歎其勇曰過我無所復取哉言唯取於己也古材哉同

孟武伯問子路仁乎子曰不知也孔安國曰仁道至大不可全名也又問子曰由也千乘之國可使治其賦也孔安國曰賦兵賦也不知其仁也求也何如子曰求也千

室之邑百乘之家可使爲之宰也孔安國曰千室之邑卿大夫之邑也卿大夫稱家諸侯千乘卿大夫故曰百乘也宰家臣也不知其仁也赤也何如子曰赤也束帶立於朝可使與賓客言也馬融曰赤弟子公西華也有容儀可使爲行人之也不知其仁也子謂子貢曰女與

回也孰愈孔安國曰愈猶勝也對曰賜也何敢望回回也聞一以知十賜也聞一以知二子曰弗如也吾與女弗如也苞氏曰既然子貢弗如復云吾與女俱不如者蓋欲以慰子貢心也

宰予晝寢苞氏曰宰予弟子宰我也子曰朽木不可彫也苞氏曰朽腐也彫彫琢刻畫也糞

土之牆不可杇也王肅曰杇墁也二者喻雖施功猶不成也於予與何誅孔安國曰誅責也今我當何責於汝乎深責之辭也子曰始吾於人也聽其言而信其行今吾於人也聽其言而觀其行於予與改是孔安國曰改是始聽言信行今更察言觀行發於宰我之晝寢也子曰吾未

見剛者或對曰申棖包氏曰申棖魯人也子曰棖也慾焉得剛孔安國曰慾多情慾之也子貢曰我不欲人之加諸我也吾亦欲無加諸人也馬融曰加陵也子曰賜也非爾所及也孔安國曰言不能止人使不加非義於己之也子貢曰三夫子之五文章可得而聞

也章明也文彩形質著見可得以耳目循也夫子之言

性與天道不可得而聞也已矣性者人之所受以生也天道者元亨日新之道也深微故不可得而聞也

子路有聞未能行唯恐有聞孔安國曰前所聞未及得行故恐後有聞不得並行也子貢問曰

孔文子何以謂之文也孔安國曰孔文子衛

大夫孔叔圉也文謚也子曰敏而好學不恥

下問是以謂之文也孔安國曰敏者識之疾也

下問問凡在巳下者也子謂子產有君子之

道四焉孔安國曰子產鄭大夫公孫僑也其行巳

也恭其事上也敬其養民也惠其

使民也義子曰晏平仲善與人交 三 六

久而人敬之周生烈曰齊大夫晏姓也平謚也名嬰也

子曰臧文仲居蔡苞氏曰臧文仲魯大夫臧孫辰也文謚也蔡國君之守龜也出蔡地因以爲名焉長尺有二寸居蔡僭也山節藻梲苞氏曰節者栭也刻鏤爲山也梲者梁上之楹畫爲藻文也言其奢侈也何如其知也孔安國曰非時人謂以爲知之

子張問曰令尹子文孔安

國曰令尹子文楚大夫姓鬬名穀於菟也三仕爲令尹無喜色三已之無慍色舊令尹之政必以告新令尹何如也子曰忠矣曰仁矣乎曰未知焉得仁孔安國曰但聞其忠事未知其仁也崔子弑齊君陳文子有馬十乘棄而違之孔安國曰皆齊大夫也崔

杼作乱陳文子惡之捐四十匹馬違而去之至於他邦

則又曰猶吾大夫崔子也違之至

一邦則又曰猶吾大夫崔子也違

之何如子曰清矣曰仁矣乎曰未

知焉得仁孔安國曰文子避惡逆無道求有道當春秋時

臣陵其君皆如崔子無有可者也季文子三思而

後行子聞之曰再思斯可矣鄭玄曰季文子魯大夫季孫行父也文謚也文子忠而有賢行其舉事寡過不必及三思之也子曰甯武子馬融曰衛大夫甯俞也武謚也邦有道則知邦無道則愚其知可及也其愚不可及也孔安國曰詐愚似實故曰不可及也子在陳曰歸與歸與吾黨

之小子狂簡斐然成章不知所以裁之也孔安國曰簡大也孔子在陳思歸欲去曰吾黨之小子狂者進取於大道妄穿鑿以成文章不知所以裁制我當歸以裁制之耳遂歸也子曰伯夷叔齊不念舊惡怨是用希孔安國曰伯夷叔齊孤竹君之二子也孤竹國名也子曰孰謂微生高直孔安國曰微生姓也

名高魯人也或乞醯焉乞諸其隣而與
之孔安國曰乞之四隣以應求者用意委曲非爲直人也子
曰巧言令色足恭孔安國曰足恭便僻之貌也
左丘明恥之丘亦恥之孔安國曰左丘明魯
大夫也匿怨而友其人孔安國曰心内相怨而外
三 九 詐親也左丘明恥之丘亦恥之顔淵

季路侍子曰盍各曰爾志子路曰願車馬衣輕裘與朋友共敝之而無憾（孔安國曰憾恨也）顏淵曰願無伐善（孔安國曰自無稱己之善也）無施勞（孔安國曰無以勞事置施於人也）子路曰願聞子之志子曰老者安之朋友信之少者懷之子

曰已矣乎吾未見能見其過而內自訟者也（苞氏曰訟猶責也言人有過莫能自責也）子曰十室之邑必有忠信如丘者焉不如丘之好學者也

論語雍也第六

何晏集解　凡卅章

子曰雍也可使南面也（苞氏曰可使南面者 三十

言任諸侯可使治國也仲弓問子桑伯子王肅曰伯子書傳無見焉子曰可也簡以其能簡故曰可也仲弓曰居敬而行簡以臨其民不亦可乎孔安國曰居身敬肅臨下寬畧則可也居簡而行簡無乃太簡乎苞氏曰伯子之簡大簡也子曰雍之言然哀公問曰弟子孰

爲好學孔子對曰有顔回者好學不遷怒不貳過不幸短命死矣今也則亡未聞好學者也凡人任情喜怒違理顔淵任道怒不過分遷者移也怒當其理不移易也不貳過者有不善未嘗復行也子華使於齊冉子爲其母請粟子曰與之釜馬融曰子華弟子公西華赤字

三十

也六斗四升曰釜也請益曰與之庾（苞氏曰十六斗爲庾）冉子與之粟五秉（馬融曰十六斛曰秉五秉合八十斛也）子曰赤之適齊也乘肥馬衣輕裘吾聞之也君子周急不繼富（鄭玄曰非冉有與之太多也）原思爲之宰（苞氏曰弟子原憲也思字也孔子爲魯司寇以原憲爲家邑宰也）

與之粟九百辭孔安國曰九百九百斗也辭讓不受也子曰毋孔安國曰祿法所當受毋以讓也以與爾隣里鄉黨乎鄭玄曰五家爲鄰五鄰爲里万二千五百家爲鄉五百家爲黨也子謂仲弓曰犂牛之子騂且角雖欲勿用山川其舍諸犂雜文也騂赤色角者角周正中犧牲也雖欲以其所生犂而

不用山川寍肯舍之乎言父雖不善不害於其子之美也

子曰回也其心三月不違仁其餘則日月至焉而已矣言餘人暫有至仁時唯回移時而不變也

季康子問仲由可使從政也與子曰由也果包氏曰果謂果敢決斷也於從政乎何有曰賜也可使從政也與子

曰賜也達孔安國曰達謂通於物理也於從政乎何有曰求也可使從政也與子曰求也藝孔安國曰藝曰多才能也於從政乎何有季氏使閔子騫為費宰孔安國曰費季氏邑也季氏不臣而其邑宰數畔聞閔子騫賢故欲用之也閔子騫曰善為我辭焉孔安國曰不欲為季氏宰

三 十三

語使者曰善為我作辭說令不復召我之也

如有復我者

孔安國曰復我者重來召我也

則吾必在汶上矣

孔安國曰去之汶水上欲北如齊也

伯牛有疾

馬融曰伯牛弟子冉耕也

子問之自牖執其手

苞氏曰有惡疾不欲見人故孔子從牖執其手也

曰亡之

孔安國曰亡喪也疾甚故持其手曰喪之也

命矣夫斯人

也而有斯疾也斯人也而有斯疾

也苞氏曰再言之者痛惜之甚也子曰賢哉回也

一簞食一瓢飲孔安國曰簞笥瓢瓠也在陋

巷人不堪其憂回也不改其樂賢

哉回也孔安國曰顔淵樂道雖簞食在陋巷不改其所樂也

冉有曰非不説子之道也力不足

三 十四

也子曰力不足者中道而廢今女
畫孔安國曰畫止也力不足者當中道而廢今女自止耳非力極
之也子謂子夏曰爲君子儒毋爲小
人儒君子爲儒將以明道小人爲儒則矜其名也子游
爲武城宰包氏曰武城魯下邑也子曰女得
人焉耳乎哉孔安國曰焉耳乎哉皆辭也曰有

澹臺滅明者行不由徑非公事未
嘗至於偃之室也苞氏曰澹臺姓滅明名也字子
羽言其公且方也子曰孟之反不伐孔安國曰
魯大夫孟之側也與齊戰軍大敗不伐者不自伐其功也奔而
殿將入門策其馬曰非敢後也馬
不進也馬融曰殿在軍後者也前曰啓後曰殿孟之反賢而

有勇軍大奔猶爲殿人迎功之不欲獨有其名故曰我非敢在後距敵也馬不能進也

子曰不有祝鮀之佞而有宋朝之美難乎免於今之世矣

孔安國曰佞口才也祝鮀衛大夫名子魚也時世貴之宋朝宋國之美人也而善淫言當如祝鮀佞而反如宋朝之美難矣免於今世之害也

子曰誰能出不由户者何莫由

斯道也言人立身成功當由道譬猶人出入要當從戶也

子曰質勝文則野苞氏曰野如野人言鄙略也

文勝質則史苞氏曰史者文多而質少也文質

彬彬然後君子苞氏曰彬彬文質相半之皃也子

曰人之生也直馬融曰言人之所以生於世而自終

者以其正直之道也三罔之生也幸而免苞氏曰誣

十六

罔正直之道而亦生是幸而免也子曰知者不如好之者好之者不如樂之者苞氏曰學問知之者不如好之者篤好之者又不如樂之者深也子曰中人以上可以語上也中人以下不可以語上也王肅曰上謂上知之所知也兩舉中人以其可上可下也樊遲問知子曰務民之

義王肅曰務所以化導民之義也敬鬼神而遠之可謂知矣苞氏曰敬鬼神而不瀆也問仁子曰仁者先難而後獲可謂仁矣孔安國曰先勞苦乃得功此所以為仁也子曰知者樂水苞氏曰知者樂運其才知以治世如水流而不知已之也仁者樂山仁者樂如山之安固自然不動而万物生焉也知者動

苞氏曰自進故動也 **仁者靜** 孔安國曰無欲故靜也 **知者樂** 鄭玄曰知者自役得其志故樂之也 **仁者壽** 苞氏曰性靜故壽考也 **子曰齊一變至於魯魯一變至於道** 苞氏曰言齊魯有太公周公之餘化也太公大賢周公聖人也今其政教雖衰若有明君興之者齊可使如魯魯可使如大道行之時之也 **子曰觚不觚** 馬融曰觚

礼器也一升曰爵二升曰觚也觚哉觚哉觚哉觚哉言非觚也以喻為政而不得其道則不成也宰我問曰仁者雖告之曰井有仁者焉其從之也孔安國曰宰我以為仁者必濟人於患難故問有仁人隨井將自投下而出之乎否乎欲拯觀仁人憂樂之所至也子曰何為其然也君子可逝也不可陷也

三　十八

包氏曰逝往也言君子可使往視之耳不肯自投從之也可欺也不可罔也馬融曰可欺者可使往也不可罔者不可得誣罔令自投下也子曰君子愽學於文約之以禮亦可以弗畔矣夫鄭玄曰弗畔不違道也子見南子子路不說夫子矢之曰予所否者天厭之天厭之孔安

國曰等以爲南子者衛靈公夫人
也淫亂而靈公惑之孔子見之者
欲因以説靈公使行治道也矢誓
也子路不説故夫子誓之曰行道
既非婦人之事而弟子不説與之咒誓義可疑也　子曰中
庸之爲德也其至矣乎民鮮久矣
庸常也中和可常行之德也世亂先王之道廢民鮮能行此道久矣
非適今也　子貢曰如能博施於民而能

濟衆者何如可謂仁乎子曰何事 三 十九
於仁必也聖乎堯舜其猶病諸孔安
國曰若能廣施恩惠濟民於患難堯舜至聖猶病其難也夫仁
者己欲立而立人己欲達而達人
能近取譬可謂仁之方也已孔安國曰
更爲子貢說仁者之行也方道也但能近取譬於己皆恕己所不欲

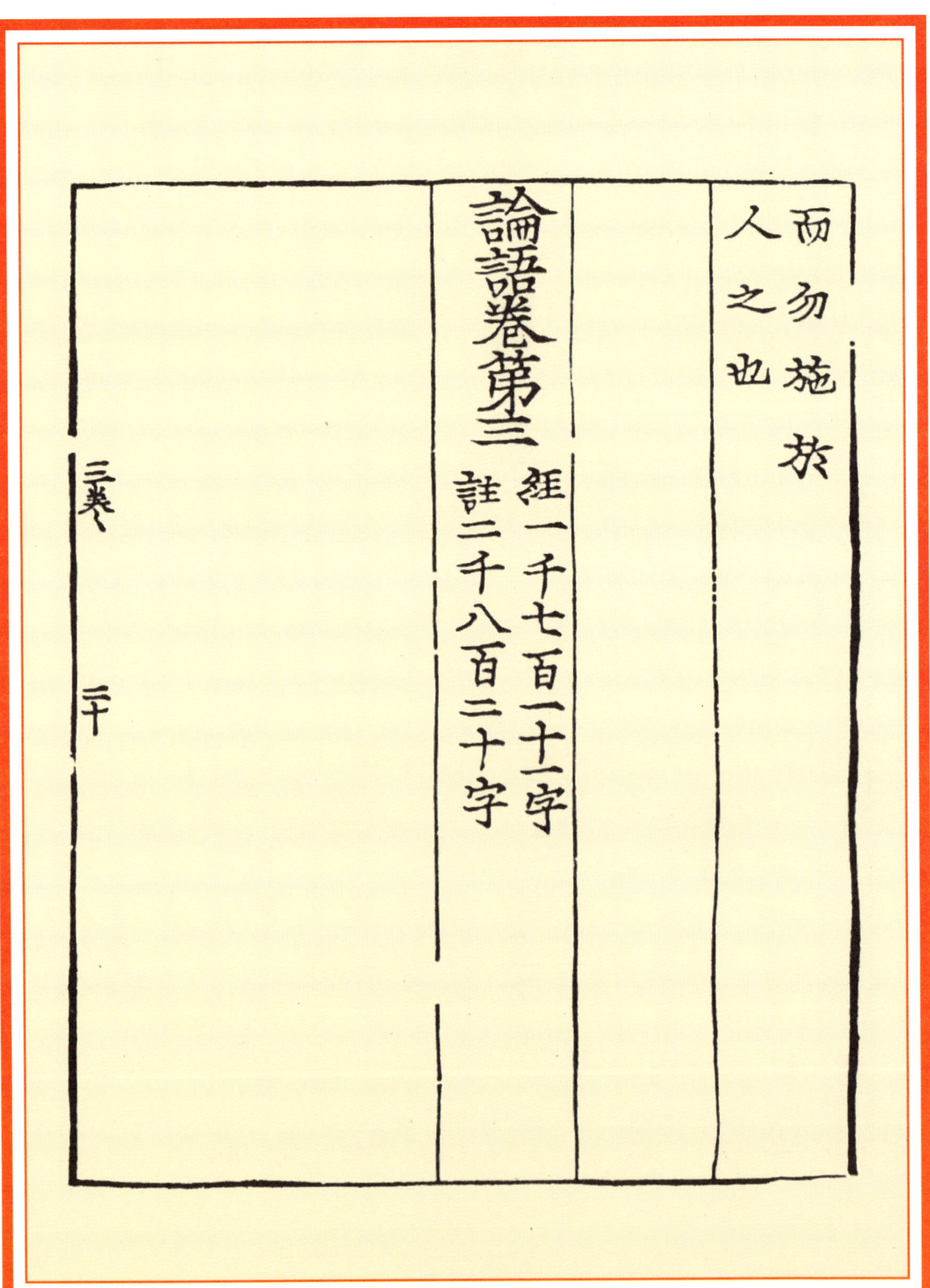

而勿施於人之也

論語卷第三　經一千七百一十一字　註二千八百二十字

三类　二十

論語述而第七

何晏集解　舊卅九章　今卅八章

子曰述而不作信而好古竊比於我老彭苞氏曰老彭殷賢大夫也好述古事我若老彭但述之耳也

子曰默而識之學而不厭誨人不倦何有於我哉鄭玄曰人無有是行於我我獨有之也

子曰德之不脩也學之不

講也聞義不能從也不善不能改
也是吾憂也孔安國曰夫子常以此四者爲憂也子
之燕居申申如也夭夭如也馬融曰申
申夭夭和舒之貌也子曰甚矣吾衰也久矣
吾不復夢見周公也孔安國曰孔子衰老不復
夢見周公也明盛時夢見周公欲行其道也子曰志於

道志慕也道不可體故志之而已矣據於德據杖也德有成形故可據也依於仁依倚也仁者功施於人故可倚之也遊於藝藝六藝也不足據依故曰遊也子曰自行束脩以上吾未嘗無誨焉孔安國曰言人能奉禮自行束脩以上則皆教誨之也子曰不憤不啓不悱不發舉一隅而示之不

以三隅反則吾不復 鄭玄曰孔子與人言必待其人心憤憤口悱悱乃後啓發爲之說也如此則識思之深也說則舉一隅以語之其人不思其類則不復重教之也

子食於有喪者之側未嘗飽也 子於是日也哭則不歌 喪者哀戚飽食於其側是無惻隱之心之也

子謂顏淵曰用之則行舍之則

哉唯我與爾有是夫孔安國曰言可行則行可止則止唯我與顔淵同耳也子路曰子行三軍則誰與孔安國曰大國三軍子路見孔子獨美顔淵以爲已有勇至於夫子爲三軍將亦當唯有與已俱故發此問也子曰暴虎馮河死而無悔者吾不與也孔安國曰暴虎徒搏也馮河徒涉也必也臨事而懼

好謀而成者也子曰富而可求也雖執鞭之士吾亦爲之鄭玄曰富貴不可求而得者也當脩德以得之若於道可求者雖執鞭賤職我亦爲之矣如不可求者從吾所好孔安國曰所好者古人之道也子之所慎齊戰疾孔安國曰此三者人所不能慎而夫子能慎之也子在齊聞韶樂

三月不知肉味周生烈曰孔子在齊聞習韶樂之盛美故忘於肉味也曰不圖為樂之至於斯也王肅曰為作也不圖作韶樂至於此此齊也冉有曰夫子為衛君乎孔安國曰為猶助也衛君者謂輒也衛靈公逐太子蒯聵公薨而立孫輒也後晉趙鞅納蒯聵于戚衛石曼姑帥師圍之故問其意助輒否乎子貢曰諾吾將

四 四

問之入曰伯夷叔齊何人也子曰古之賢人也曰怨乎曰求仁而得仁又何怨乎孔安國曰夷齊讓國遠去終於餓死故問怨乎以讓為仁豈怨乎出曰夫子不為也鄭玄曰父子爭國惡行也孔子以伯夷叔齊為賢且仁故知不助衛君明也子曰飯蔬食飲水曲肱而枕之

樂亦在其中矣孔安國曰蔬食菜食也肱臂也孔子以此為樂也不義而富且貴於我如浮雲鄭玄曰富貴而不以義者於我如浮雲非已之有也子曰加我數年五十以學易可以無大過矣易窮理盡性以至於命年五十而知天命以知天命之年讀至命之書故可以無大過也子所雅言孔安國曰雅言

正言也

詩書[四]執禮皆[五]雅言也鄭玄曰讀先王典法必正言其音然後義全故不可有所諱也禮不誦故言執也

葉公問孔子於子路子路不對孔安國曰葉公名諸梁楚大夫也食菜於葉僭稱公不對者未知所以答也

子曰女奚不曰其為人也發憤忘食樂以忘憂不知老之將至也

云爾子曰我非生而知之者好古敏而求之者也鄭玄曰言此者勉人於學也子不語怪力亂神孔安國曰怪怪異也力謂若奡盪舟烏獲舉千鈞之屬也乱謂臣弒君子弒父也神謂鬼神之事也或無益於教化也或所不忍言也子曰我三人行必得我師焉擇其善者而從之其不

善者而改之[四]言我三[六]人行本無賢愚擇善從之不善改之故無常師也子曰天生德於予桓魋其如予何苞氏曰桓魋宋司馬黎也天生德於予者謂授以聖性也合德天地吉無不利故曰其如予何也子曰二三子以我為隱子乎吾無隱乎爾苞氏曰二三子謂諸弟子也聖人知廣道深弟子學之不能及以為有所

隱匿故仰之也吾無所行而不與二三子者是丘也包氏曰我所為無不與爾共之者是丘之心也子以四教文行忠信四者有形質可舉以教也子曰聖人吾不得而見之矣得見君子者斯可矣疾世無明君也子曰善人吾不得而見之矣得見有恒者斯

四七

可矣亡而為有虛而為盈約而為

泰難乎有恒矣孔安國曰難可名之為有常也子

釣而不綱弋不射宿孔安國曰釣者一竿釣也

綱者為大綱以横絶流以繳繫釣羅屬著綱也弋繳射也宿宿鳥也

子曰蓋有不知而作之者我無是

也苞氏曰時人多有穿鑿妄作篇籍者故云然也多聞擇

其善者而從之多見而識之知之次也孔安國曰如此次於知之者也互鄉難與言童子見門人惑鄭玄曰互鄉鄉名也其鄉人言語自專不達時宜而有童子來見孔子門人恠孔子見也子曰與其進也不與其退也唯何甚孔安國曰教誨之道與其進不與其退恠我見此童子惡惡何一甚也人潔

已以進與其潔也不保其往也鄭玄曰往猶去也人虛己自潔而來當與其進之亦何能保其去後之行也

子曰仁遠乎哉我欲仁斯仁至矣苞氏曰仁道不遠行之則是至也

陳司敗問昭公知禮乎孔安國曰司敗官名也陳大夫也昭公魯昭公也

孔子對曰知禮孔子退揖巫馬

期而進之曰吾聞君子不黨君娶於吴爲同姓謂之吴孟子君而知禮孰不知禮（孔安國曰巫馬期弟子也名施相助匿非曰黨魯吴俱姬姓也禮同姓不婚而君娶之當稱吴姬諱曰孟子也）巫馬期以告子曰丘也幸苟有過人必知之（孔安國曰以司敗言告也諱國惡禮也聖人智

深道我故四受以為過也

子與人歌九而善必使反之而後和之樂其善故使重歌而後自和之也

子曰文莫吾猶人也莫無也文無者猶俗言文不也文不吾猶人者言凡文皆不勝於人也躬行君子則吾未之有得也孔安國曰躬為君子巳未能得之也

子曰若聖與仁則吾豈敢孔安國曰

孔子謙不敢自名仁聖也抑為之不厭誨人不
倦則可謂云爾已矣公西華曰正
唯弟子不能學也苞氏曰正如所言弟子猶不能
學也況仁聖乎也子疾病子路請禱苞氏曰禱
禱請於鬼神也子曰有諸周生烈曰言有此禱請於鬼神
之事乎也子路對曰有之誄曰禱爾于

上下神祇。孔安國曰子路失指也誄禱篇名也

子曰丘之禱之久矣。孔安國曰孔子素行合於神明故曰丘之禱之久矣

子曰奢則不遜儉則固與其不遜也寧固。孔安國曰俱失之也奢不如儉奢則僭上儉則不及禮耳固陋也

子曰君子坦蕩蕩小人長戚戚。鄭玄曰坦蕩蕩寬廣貌也長戚戚多憂懼

貌也子溫而厲威而不猛恭而安

論語泰伯第八　何晏集解凡廿一章

子曰泰伯其可謂至德也已矣三以天下讓民無得而稱焉王肅曰泰伯周太王之太子也次仲雍少弟曰季歷季歷賢又生聖子文王昌昌必有天下故泰伯以天下三讓於王季其讓隱故無得而稱言之者所

以為至德也

子曰：恭而無禮則勞，慎而無禮則葸。葸，畏懼之貌也。言慎而不以禮節之，則常畏懼也。勇而無禮則亂，直而無禮則絞。馬融曰：絞，絞刺也。君子篤於親，則民興於仁；故舊不遺，則民不偷。包氏曰：興，起也。君能厚於親屬，不遺忘其故舊，行之美者也，則民皆化之，起為仁厚之行不偷薄也曾子有疾召門弟子曰啓予足啓予手鄭玄曰啓開也曾子以為受身躰於父母不敢毁傷之故使弟子開衾而視之也詩云戰戰兢兢如臨深淵如履薄冰孔安國曰言此詩者喻己常誠慎恐有所毁傷也而今而後吾知免夫小子周生烈曰乃今日而後我自知免於患難矣小子弟子也

吁者欲使聽識其言也曾子有疾孟敬子問之馬融曰孟敬子魯大夫仲孫捷也曾子言曰鳥之將死其鳴也哀人之將死其言也善苞氏曰欲戒敬子言我將且死言善可用也君子所貴道者三動容貌斯遠暴慢矣正顏色斯近信矣出辭氣斯遠鄙

倍矣鄭玄曰此道謂禮也動容貌能濟濟蹌蹌則人不敢暴慢之也正顏色能矜莊嚴栗則人不敢欺誕之也出辭氣能順而說則無惡戾之言入於耳也籩豆之事則有司存苞氏曰敬子忘大務小故又戒之以此也籩豆禮器也曾子曰以能問於不能以多問於寡有若無實若虛犯而不校苞氏曰校報也言見

四 十三

侵犯而不報之也昔者吾友嘗從事於斯
矣馬融曰友謂顏淵也曾子曰可以託六尺
之孤孔安國曰六尺之孤謂幼少之君也可以寄百
里之命孔安國曰攝君之政令也臨大節而不
可奪也大節安國家定社稷也奪者不可傾奪之也君
子人與君子人也曾子曰士不可

以不弘毅任重而道遠苞氏曰弘大也毅強而能決斷也士弘毅然後能負重任致遠路也仁以為已任不亦重乎死而後已不亦遠乎孔安國曰以仁為已任重莫重焉死而後已遠莫遠焉也

子曰興於詩苞氏曰興起也言修身當先學詩也立於禮苞氏曰禮者所以立身也成於樂孔安國曰樂所以成性也

子曰民可使[四]由之[古]不可使知之由用也可使用而不可使知者百姓能日用而不能知也子曰好勇疾貧亂也苞氏曰好勇之人而患疾已之貧賤者必將為亂也人而不仁疾之已甚亂也孔安國曰疾惡太甚亦使其為乱也子曰如有周公之才之美使驕且悋其餘不足觀也

已矣孔安國曰周公者周公旦也子曰三年學不至於穀不易得也已孔安國曰穀善也言人三歲學不至於善不可得言必無及也所以勸人於學也子曰篤信好學守死善道危邦不入乱邦不居天下有道則見無道則隱包氏曰言行當常然也危邦不入謂始欲往也乱邦不居今欲

去也臣弑君子弑父乱也危者將乱之兆也邦有道貧且賤焉耻也邦無道富且貴焉耻也子曰不在其位不謀其政也孔安國曰欲各專一於其職也子曰師摯之始關雎之乱洋洋乎盈耳哉鄭玄曰師摯魯大師之名始猶首也周道既衰鄭衛之音作正樂廢而失節魯大師摯識關雎

之聲而首理其乱洋洋乎盈耳哉聽而美也

子曰狂而不直孔安國曰狂者進取宜直也侗而不愿孔安國曰侗未成器之入也宜謹愿也悾悾而不信苞氏曰悾悾慤慤也宜可信也吾不知之矣孔安國曰言皆與常度反故我不知也

子曰學如不及猶恐失之學自外入至熟乃可長久如不及猶恐失之耳也

子

曰巍巍乎舜禹之有天下也而不與焉美舜禹已不與求天下而得之也巍巍者高大之稱也子曰大哉堯之為君也巍巍乎唯天為大唯堯則之孔安國曰則法也美堯能法天而行化也蕩蕩乎民無能名焉苞氏曰蕩蕩廣遠之稱也言其布德廣遠民無能識名焉巍巍乎其有

成功也功成化隆高大巍巍也煥乎其有文章煥明也其立文垂制復著明也舜有臣五人而天下治孔安國曰禹稷契皋陶伯益也武王曰予有乱臣十人孔安國曰乱理也理官者十人也謂周公旦召公奭太公望畢公榮公太顛閎夭散宜生南宮适也其餘一人謂文母也孔子曰才難不其然乎唐虞

之際於斯爲盛有婦人焉九人而已孔安國曰唐者堯號也虞者舜號也際者堯舜交會之間也斯此也此於周也言堯舜交會之間比於此周周最盛多賢然尚有一婦人其餘九人而已大才難得豈不然乎三分天下有其二以服事殷周德其可謂至德也已矣苞氏曰殷紂淫乱文王為西伯而有聖德天下之歸

周者三分有二而猶以服事殷故謂之至德也子曰禹吾無間然矣孔安國曰孔子推禹功德之盛言已不能復間廁其間也菲飲食而致孝乎鬼神馬融曰菲薄也致孝乎鬼神祭祀豐潔也惡衣服而致美乎黻冕孔安國曰損其常服以盛祭服也卑宮室而盡力乎溝洫苞氏曰方里為井井間有溝溝廣深四尺

十里為城城間有洫洫廣深八尺也禹吾無間然矣

論語卷第四

經一千五百十四字

注二千三百七十七字

論語子罕第九

何晏集解　九卅一章　皇卅章

子罕言利與命與仁　罕者希也利者義之和也命者天之命也仁者行之盛也寡能及之故希言也

達巷黨人曰大哉孔子博學而無所成名　鄭玄曰達巷黨名也五百家為黨此黨之人美孔子博學道藝不成一名而已也

子聞之謂門弟子曰吾何

五一

五一

執執御乎執射乎吾執御矣鄭玄曰聞人羨之承以謙也吾執御者欲名六藝之卑也子曰麻冕禮也今也純儉吾從衆孔安國曰冕緇布冠也古者績麻三十升布以為之純絲也絲易成故從儉也拜下禮也今拜乎上泰雖違衆吾從下王肅曰臣之與君行禮者下拜然後升成禮時臣驕泰故於上拜今

從下禮之恭也

子絕四毋意以道為度故不任意也毋必用之則行捨之則藏故無專必也毋固無可無不可故無固行也毋我述古而不自作處群萃而不自異唯道是從故不自有其身也

子畏於匡苞氏曰匡人誤圍夫子以為陽虎陽虎嘗暴於匡夫子弟子顔尅時又與虎俱往後尅為夫子御至於匡匡人相與共識尅又夫子容貌與虎相似故匡人以兵圍

五二

五二

之也曰文王既沒文不在茲乎孔安國曰茲此也言文王雖已沒其文見在此此自此其身也天之將喪斯文也後死者不得與於斯文也孔安國曰文王既沒故孔子自謂後死也言天將喪此文者本不當使我知之今使我知未欲喪之天之未喪斯文匡人其如予何馬融曰如予何者猶言柰我何也天

之未喪此文也則我當傳之匡人欲奈我何言其不能違天而害已也

太宰問於子貢曰夫子聖者與何其多能也

孔安國曰太宰大夫官名也或吳或宋未可分也疑孔子多能於小藝也

子貢曰固天縱之將聖又多能也

孔安國曰言天固縱之大聖之德又使多能也

子聞之曰太宰知我者乎吾

少也賤故多能鄙事君子多乎哉 五三

不多也 苞氏曰我少小貧賤常自執事故多能為鄙人之事君子固不當多能也

牢曰子云吾不試故藝 鄭玄曰牢弟子子牢也試用也言孔子自云我不見用故多能伎藝也

子曰吾有知乎哉無知也 知者知意之知也言知者言未必盡也今我誠盡也

有鄙夫問於

我空空如也我叩其兩端而竭焉孔安國曰有鄙夫來問於我其意空空然我則發事之終始兩端以語之竭盡所知不為有愛也子曰鳳鳥不至河不出圖吾已矣夫孔安國曰有聖人受命則鳳鳥至河出圖今天無此瑞吾已矣夫者不得見也河圖八卦是也子見齊衰者冕衣裳者與瞽者苞氏曰冕

五　一四

者冕冠也大夫之服也瞽者盲者也見之雖少者必

作過之必趨苞氏曰作起也趨疾行也此夫子哀有喪

尊在位恤不成人之也顏淵喟然歎曰喟然歎聲

也仰之彌高鑽之彌堅言不可窮盡也

之在前忽焉在後言忽怳不可為形像也夫

子循循然善誘人循循次序貌也誘進也言夫子

正以此道勸進人有次序也博我以文約我以禮欲罷不能既竭吾才如有所立卓爾雖欲從之末由也已孔安國曰言夫子既以文章開博我又以礼節節約我使我欲罷而不能已竭我才矣其有所立則又卓然不可及言已雖蒙夫子之善誘猶不能及夫子之所立也子疾病苞氏曰疾甚曰病也子路使

門人爲臣鄭玄曰孔子嘗爲大夫故子路欲使弟子行其臣之禮也病間曰久矣哉由之行詐也無臣而爲有臣吾誰欺欺天乎孔安國曰病小差曰間言子路有是心非唯今日也且予與其死於臣之手也無寧死於二三子之手乎馬融曰無寧寧也二三子門人也就使我有臣而死

其手我寧死弟子之手乎也且予縱不得大葬孔安國曰君臣禮葬也予死於道路乎馬融曰就使之不得以君臣之禮葬有二三子在我寧當憂棄於道路乎子

貢曰有美玉於斯韞匵而藏諸求善賈而沽諸馬融曰韞藏也匵匵也藏諸匵中沽賣也得善賈寧賣之耶也子曰沽之哉沽之哉我

待賈者苞氏曰沽之哉不衒賣之辭也我居而待賈者也

子欲居九夷馬融曰九夷東方之夷有九種也或曰陋如之何子曰君子居之何陋之有馬融曰君子所居者皆化也

子曰吾自衛反於魯然後樂正雅頌各得其所鄭玄曰反魯魯哀公十一年冬也是時道衰樂廢孔子来還乃正之

故曰雅頌各得其所也子曰出則事公卿入則事父兄喪事不敢不勉不為酒困何有於我哉馬融曰困乱也子在川上曰逝者如斯夫不舍晝夜苞氏曰逝往也言凡往者如川之流也子曰吾未見好德如好色者也疾時人薄於德而厚於色也故發此言也子

五十

曰譬如爲山未成一簣止吾止也

苞氏曰簣土籠也此勸人進於道德也爲山者其功雖已多未成一籠而中道止者我不以其前功多而善之見其志不遂故不與也

譬如平地雖覆一簣進吾往也

馬融曰平地者將進加功雖始覆一簣我不以其見功少而薄之也據其欲進而與之也

子曰語之而不惰者其回

與顏淵則解故語之不惰餘人不解故有惰語之時也子謂顏淵曰惜乎吾見其進也未見其止也苞氏曰孔子謂顏淵進益未止痛惜之甚也

子曰苗而不秀者有矣夫秀而不實者有矣夫孔安國曰言万物有生而不育成者喻人亦然也

子曰後生可畏也焉知來者之不

如今也後生謂守少也四十五十而無聞焉斯亦不足畏也已矣子曰法語之言能無從乎改之為貴孔安國曰人有過以正道告之口無不順從之能必改乃為貴也矣巽與之言能無說乎繹之為貴馬融曰巽恭也謂恭巽謹敬之言聞之無不悅也能尋繹行之乃為貴也悅而不

五八

繹從而不改吾末如之何也已矣

子曰主忠信無友不如己者過則勿憚改慎其所主所友有過務改皆所以爲益也子曰

三軍可奪帥也匹夫不可奪志也孔安國曰三軍雖衆人心不一則其將帥可奪之而取匹夫雖微者守其志不可得而奪也

子曰衣敝緼袍與衣

五九

狐貉者立而不耻者其由與孔安國曰縕枲著也不忮不求何用不臧馬融曰忮害也臧善也言不忮害不貪求何用為不善疾貪惡忮害之詩也子路終身誦之子曰是道也何足以臧馬融曰臧善也尚復有美於是者何足以為善也子曰歲寒然後知松柏之後彫也大寒之歲

衆木皆死然後知松栢小彫傷也平歲則衆木亦有不死者故須歲寒而後别之喻凡人處治世亦能自修整與君子同在濁世然後知君子之正不苟容也

子曰知者不惑苞氏曰不惑亂也

仁者不憂孔安國曰無憂患也

勇者不懼

子曰可與共學未可與適道適之也雖學或得異端未必能之道也

可與適道未可與

立雖能之道未必能以有所成立也可與立未可

與權雖能有所立未必能權量其輕重之極也唐棣之

華偏其反而豈不爾思室是遠而

逸詩也唐棣移也華反而後合賦此詩以言權道反而後至大順也

思其人而不得見者其室遠也以言思權而不得見者其道遠也

子曰未之思也夫何遠之有哉夫思

者當思其反反是不思所以爲遠也能思其反何遠之有言權可知

唯不知思耳思之有次序斯可知之也

論語鄉黨第十　何晏集解　凡一章

孔子於鄉黨恂恂如也似不能言

者王肅曰恂恂温恭之貌也其在宗廟朝廷便

便言唯謹爾鄭玄曰便便辯也雖辯而謹敬也朝

與下大夫言侃侃如也孔安國曰侃侃和樂之貌也與上大夫言誾誾如也孔安國曰誾誾中正之貌也君在踧踖如也與與如也馬融曰君在者君視朝也踧踖恭敬之貌也與與威儀中適之貌也君召使擯鄭玄曰君召使擯者有賓客使迎也色勃如也孔安國曰必變色也足躩如也包氏曰槃

辟貎之也揖所與立左右其手衣前後襜如也鄭玄曰揖左人左其手揖右人右其手一俛一仰故衣前後襜如也趨進翼如也孔安國曰言端好也賓退必復命曰賓不顧矣孔安國曰復命白君賓已去也矣入公門鞠躬如也如不容孔安國曰斂身也立不中門行不履閾

五 十二

（孔安國曰閾門限也）過位色勃如也足躩如也（苞氏曰過君之空位也）其言似不足者攝齊升堂鞠躬如也屏氣似不息者（孔安國曰皆重慎也衣下曰齊攝齊者摳衣也）出降一等逞顏色怡怡如也（孔安國曰先屏氣下階舒氣故怡怡如也）沒階趨進翼如也（孔安國曰沒盡也下

盡階也

復其位踧踖如也孔安國曰来時所過位也

執圭鞠躬如也如不勝苞氏曰為君使以聘問隣國執持君之圭鞠躬者敬慎之至也

上如揖下如授勃如戰色足蹜蹜如有循也鄭玄曰上如揖授玉宜敬也下如授不敢忘礼戰色敬也足蹜蹜如有循舉前曳踵行之也

五 十三

享禮有容色鄭玄曰享獻也

聘禮既聘而享享用圭璧有庭實也私覿愉愉如也鄭玄曰覿見也既享乃以私禮見愉愉顏色之和也君子不以紺緅飾孔安國曰一入曰緅飾者不以為領袖緣也紺者齊服盛色以為飾似衣齊服也緅者三年練以緅飾衣為其似衣喪服故皆不以飾衣也紅紫不以為褻服王肅曰褻服私居非公會之服省也皆不正褻尚不衣正服無所施也

五 十三

當暑縝絺綌必表而出孔安國曰暑則單服絺綌葛也必表而出加上衣也緇衣羔裘素衣麑裘黃衣狐裘褻裘長短右袂孔安國曰服皆中外之色相稱也私家裘長主温也短右袂者便作事也必有寢衣長一身有半孔安國曰今之被也狐貉之厚以居鄭玄曰在家以接賓客之也去喪

五 十四

無所不佩孔安國曰去除也非喪則備佩所宜佩也非

帷裳必殺之王肅曰衣必有殺縫唯帷裳無殺之也

羔裘玄冠不以弔孔安國曰喪主素吉主玄吉凶異服故不相弔也

吉月必朝服而朝孔安國曰吉月月朔也朝服皮弁服也

齊必有明衣布也孔安國曰以布爲沐浴之衣也

齊必變食孔安國曰改常

食也居必遷坐孔安國曰易常處也食不厭精

膾不厭細食饐而餲孔安國曰饐餲臭味變也

魚餒而肉敗不食孔安國曰魚敗曰餒也色

惡不食臭惡不食失飪不食孔安國曰

失飪失生熟之節也不時不食鄭玄曰不時非朝夕日中

時也割不正不食不得其醬不食馬融

五 十五

日魚膾非芥醬不食也肉雖多不使勝食氣唯酒無量不及亂沽酒市脯不食不撤薑食孔安國曰撤去也齊禁葷物薑辛不臭故不去也不多食孔安國曰不過飽祭於公不宿肉周生烈曰助祭於君所得牲體歸則以班賜不留神惠也祭肉不出三日出三日不食之矣鄭玄

日自其家祭肉也過三日不食也是褻鬼神之餘也食不語
寢不言雖疏食菜羹瓜祭必齊如
也孔安國曰齊嚴敬之貌也三物雖薄祭之必敬也席不
正不坐鄉人飲酒杖者出斯出矣
孔安國曰杖者老人也鄉人飲酒之礼主於老者老者礼畢出孔子
從而出之鄉人儺朝服而立阼階孔安國曰

儺驅逐疫鬼也恐驚先祖故朝服立於廟之阼階也問人於 五 十六
他邦再拜送之孔安國曰拜送使者敬也康子
饋藥拜而受之苞氏曰遺孔子藥也曰丘未
達不敢嘗之孔安國曰未知其故故不嘗禮也廏
焚子退朝曰傷人乎不問馬鄭玄曰重
人賤畜也退朝自魯君之朝來歸君賜食必正席

先嘗孔安國曰敬君之惠也既嘗之乃以班賜之也君賜

腥必熟而薦之孔安國曰薦薦其先祖也君賜

生必畜之侍食於君君祭先飯鄭玄曰於君祭則先飯矣若為先嘗食然也

疾君視之東

首加朝服拖紳苞氏曰夫子疾也處南牖之下東首加其朝服拖紳紳太帶不敢不衣朝服見君也君命召不

五 十七

俟駕行矣 鄭玄曰急趨君命也行出而車既駕從也 入太廟每事問 鄭玄曰為君助祭也大廟周公廟也 朋友死無所歸曰於我殯 孔安國曰重朋友之恩也無所歸無親昵也 朋友之饋雖車馬非祭肉不拜 孔安國曰不拜有通財之義也 寢不尸 包氏曰偃卧四體布展手足似死人也 居不容 孔安國曰

爲家室之敬難久也子見齊衰者雖狎必變孔安國曰狎者素親狎也見冕者與瞽者雖褻必以貌周生烈曰褻謂數相見也必當以貌礼也凶服者式之式負版者孔安國曰凶服者送死之衣物也負版者持邦國之圖籍者也有盛饌必變色而作孔安國曰作起也敬主人之親饋也迅雷風烈必

五　十八

變鄭玄曰敬天之怒風疾雷為烈也升車必正立執綏周生烈曰必正立執綏所以為安也車中不內顧包氏曰車中不內顧者前視不過衡扼傍視不過輢轂之也不疾言不親指色斯舉矣馬融曰見顏色不善則去之也翔而後集周生烈曰迴翔審觀而後下止也曰山梁雌雉時哉時哉子路供

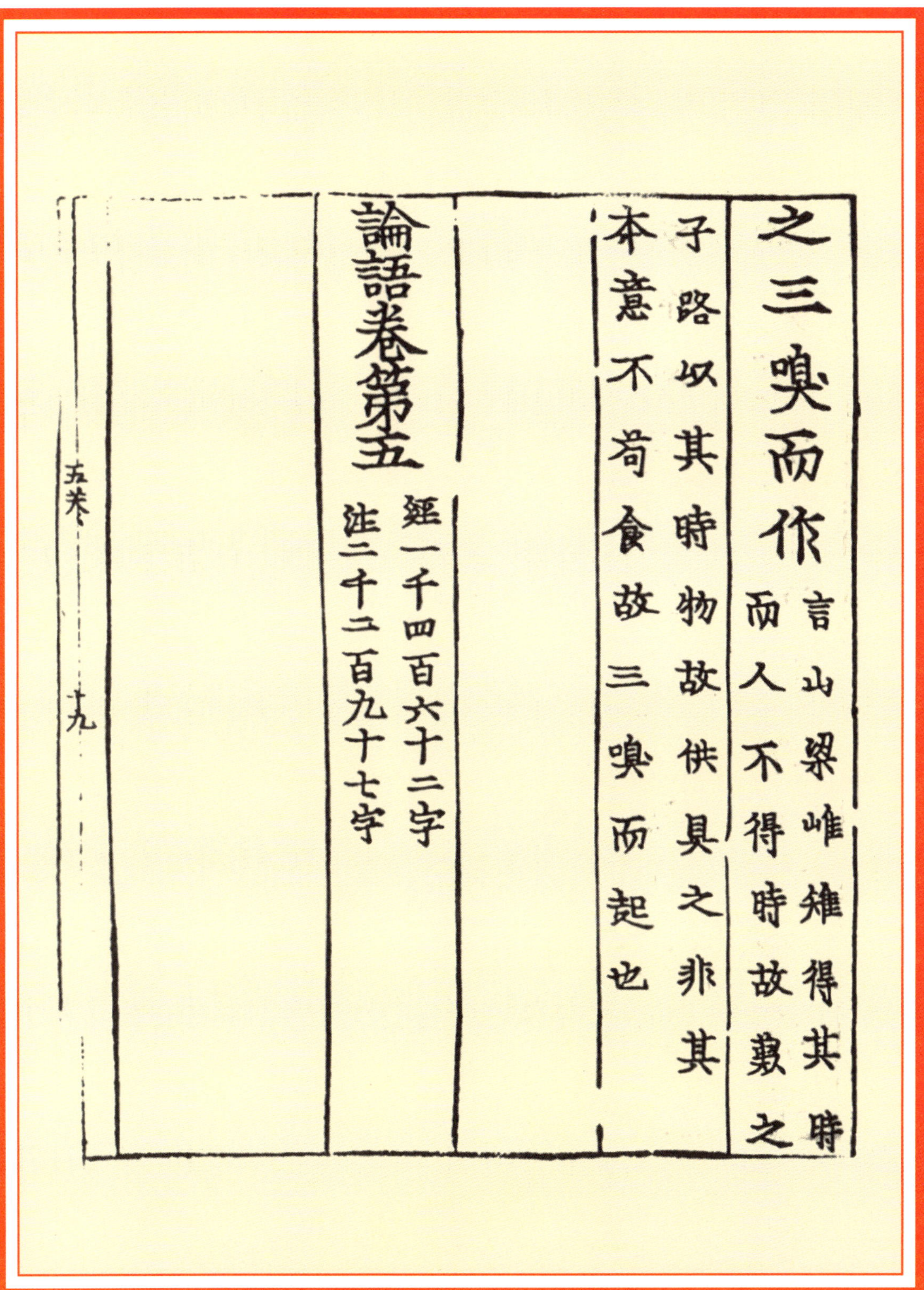
之三嗅而作言山梁雌雉得其時而人不得時故歎之子路以其時物故供具之非其本意不苟食故三嗅而起也

論語卷第五

經一千四百六十二字

注二千二百九十七字

五卷 十九

論語先進第十一　何晏集解 凡二十一章

子曰：先進於禮樂，野人也；後進於禮樂，君子也。先進後進，謂士先後輩也。禮樂因世損益。後進與禮樂俱得時之中，斯君子矣。先進有古風，斯野人也。如用之，則吾從先進。苞氏曰：將移風易俗，歸之純素。先進猶近古風，故從之也。

子曰：從我於陳蔡者

皆不及門者也鄭玄曰言弟子之從我而厄扵陳蔡者皆不及仕進之門而失其所也子曰德行顔淵閔子騫冉伯牛仲弓言語宰我子貢政事冉有季路文學子游子夏子曰回也非助我者也扵吾言無所不説孔安國曰助猶益也言回聞言即解無可發起增益

於已也

子曰：孝哉閔子騫！人不間於其父母兄弟之言。陳群曰言閔子騫爲人上事父母下順兄弟動靜盡善故人不得有非間之言也

南容三復白圭，孔安國曰詩云白圭之玷尚可磨也斯言之玷不可爲也南容讀詩至此三反復之是其心慎言也

孔子以其兄之子妻之。

季康子問弟子孰爲

六十二

好學孔子對曰有顏回者好學不遷怒不貳過不幸短命死矣今也則亡未聞好學者也顏淵死顏路請子之車孔安國曰顏路顏淵之父也家貧故欲請孔子之車賣以作槨子曰才不才亦各言其子也鯉死有棺而無槨吾不可徒行

以爲之椁以吾從大夫之後吾以不可徒行也孔安國曰鯉孔子之子伯魚孔子時爲大夫故言吾從大夫之後不可以徒行是謙辭也顏淵死子曰噫苞氏曰噫痛傷之聲天喪予天喪予天喪予者若喪已也再言之者痛惜之甚也顏淵死子哭之慟馬融曰慟哀過也從者曰子慟矣子

曰有慟乎〔孔安國曰不自知己之悲哀之過也〕非夫人之爲慟而誰爲慟顔淵死門人欲厚葬之子曰不可〔禮貧富各有宜顔淵家貧而門人欲厚葬之故不聽也〕門人厚葬之子曰回也視予猶父也予不得視猶子也非我也夫二三子也〔馬融曰言回自有父〕

父意欲聽門人厚葬之我不得制止非其厚葬故云尒也季路問事鬼神子曰未能事人焉能事鬼曰敢問事死曰未知生焉知死陳群曰鬼神及死事難明語之無益故不荅也閔子騫侍側誾誾如也子路行行如也冉子子貢侃侃如也子樂鄭玄曰樂各盡其性也行

六　四

行剛強之貌也若由也不得其死然孔安國曰不得以壽終也魯人為長府閔子騫曰仍舊貫如之何何必改作鄭玄曰長府藏名也藏貨曰府仍因也貫事也曰舊事則可何乃復更改作也子曰夫人不言言必有中王肅曰言必有中善其不欲勞民改作之也子曰由之鼓瑟奚為於

丘之門 馬融曰言子路鼓瑟不合雅頌也 門人不敬子路子曰由也升堂矣未入於室也 馬融曰升我堂矣未入室耳門人不解謂孔子言為賤子路故復解之也 子貢問師與商也孰賢乎子曰師也過商也不及 孔安國曰言俱不得中也 曰然則師愈與子曰過猶不及

也愈猶勝也季氏富於周公孔安國曰周公天子之宰卿士也而求也為之聚斂而附益之孔安國曰冉求為季氏宰為之急賦稅也子曰非吾徒也小子鳴鼓而攻之可也鄭玄曰小子門人也鳴鼓聲其罪以責之柴也愚弟子高業也字子羔愚愚直之愚也參也魯孔安國曰魯鈍也曾子遲鈍也師

僻也馬融曰子張才過人失在邪僻文過也由喭也鄭玄曰子路之行失於吸喭也子曰回也其庶乎屢空賜不受命而貨殖焉憶則屢中言回庶幾聖道雖數空匱而樂在其中矣賜不受教命唯財貨是殖億度是非蓋美回所以勵賜也一曰屢猶每也空猶虛中也以聖人之善教數子之庶幾猶不至於知道者各内有此害也其於庶

幾每能屢中者唯回懷道深遠不虚心不能知道子貢無數子病然亦不知道者雖不窮理而幸中雖非天命而偶富亦所以不虚心也

子張問善人之道子曰不踐迹亦不入於室孔安國曰踐循也言善人不循追舊迹而已亦多少能創業然亦不能入於聖人之奥室也

子曰論篤是與君子者乎色莊者乎論篤者謂口無

擇言也君子者謂身無鄙行也色莊者不惡而嚴以遠小人者也言

此三者皆可以爲善人者也　子路問聞斯行諸

苞氏曰賑窮救乏之事也　子曰有父兄在如之

何其聞斯行之也　孔安國曰當白父兄不可得自

專也　冉有問聞斯行諸子曰聞斯行

之公西華曰由也問聞斯行諸子

矣。曰：「子在，回何敢死！」苞氏曰：言夫子在，巳無所敢死也。

季子然問：「仲由、冉求可謂大臣與？」孔安國曰：季子然，季氏之子弟，自多得臣此二子，故問之。子曰：「吾以子爲異之問，曾由與求之問。孔安國曰：謂子問異事耳，則此二人之問，安足爲大臣乎。所謂大臣者，以道事君，不可則止。

今由與求也可謂具臣矣孔安國曰言備臣數而已也曰然則從之者與孔安國曰問為臣皆當從君所欲邪子曰弑父與君亦不從也孔安國曰二子雖從其主亦不與為大逆也子路使子羔為費宰子曰賊夫人之子苞氏曰子羔學未熟習而使為政所以賊害人也子路曰有

民人焉有社稷焉何必讀書然後爲學孔安國曰言治民事神於是而習亦學也子曰是故惡夫佞者孔安國曰疾其以口給應遂已非而不知窮也子路曾晳孔安國曰曾晳曾參父也名點冉有公西華侍坐子曰以吾一日長乎爾無吾以也孔安國曰言我問汝汝無以我長故難對

也居則曰不吾知也孔安國曰汝常居云人不知已如或知爾則何以哉孔安國曰如有用汝者則何以為治乎子路率爾而對率爾先三人對也曰千乘之國攝乎大國閒加之以師旅因之以飢饉苞氏曰攝攝迫乎大國之閒也由也為之比及三年可使有勇 六九

且知方也（方義方也）夫子哂之（馬融曰哂笑也）求爾何如對曰方六七十如五六十（求性謙退言欲得方六七十如五六十里小國治之而已也）求也爲之比及三年可使足民也如其禮樂以俟君子（孔安國曰求自云能足民而已謂衣食足也若禮樂之化當以待君子謙辭也）赤爾何

如對曰非曰能之也願學焉宗廟之事如會同端章甫願為小相焉鄭玄曰我非自言能也願學為之宗廟之事謂祭祀也諸侯時見曰會殷見曰同端玄端也衣玄端冠章甫諸侯日視朝之服也小相謂相君之禮者也點爾何如鼓瑟希孔安國曰思所以對故音希也鏗爾舍瑟而作對曰異乎

三子者之撰孔安國曰置瑟起對也撰具也爲政之具也鏗爾者投瑟之聲也子曰何傷乎亦各言其志也孔安國曰各言已志於義無傷之曰暮春者春服既成得冠者五六人童子六七人浴乎沂風乎舞雩詠而歸苞氏曰暮春者季春三月也春服既成者衣單袷之時也我欲得冠

六 十一

者五六入童子六七人浴於沂水之上風涼於舞雩之下歌詠先王六十

之道歸夫子之門也夫子喟然歎曰吾與點

也周生烈曰善點之獨知時之三子者出曾晳

後曾晳曰夫三子者之言何如子

曰亦各言其志也已矣曰夫子何

哂由也子曰爲國以礼其言不讓

是故哂之苞氏曰爲國以礼礼貴讓子路言不讓故哂之

唯求則非邦也與安見方六七十

如五六十而非邦也者唯赤則非

邦也與宗廟之事如會同非諸侯

如之何孔安國曰明皆諸侯之事與子路同徒笑子路不讓

也赤也爲之小孰能爲之大相孔安

六 十三

國曰赤謙言小相耳孰能爲大相者也 六十二

論語顏淵第十二

何晏集解　凡廿四章

顏淵問仁子曰尅己復禮爲仁馬融曰尅己約身也孔安國曰復反也身能反禮則爲仁矣一日尅己復禮天下歸仁焉馬融曰一日猶見歸況終身乎爲仁由己而由人乎哉孔安國曰

行善在己不在人也顏淵曰請問其目苞氏曰知其必有條目故請問之也子曰非禮勿視非禮勿聽非禮勿言非禮勿動鄭玄曰此四者克己復禮之目顏淵曰回雖不敏請事斯語矣王肅曰敬事此語必行之仲弓問仁子曰出門如見大賓使民如承大祭孔安

六 十三

國曰仁之道莫尚乎敬也己所不欲勿施於人
在邦無怨在家無怨苞氏曰在邦為諸侯也在
家為卿大夫也仲弓曰雍雖不敏請事斯
語矣司馬牛問仁子曰仁者其言
也訒也孔安國曰訒難也牛宋人也弟子司馬犂也曰
其言也訒斯可謂之仁已矣乎子

曰爲之難言之得無訒乎孔安國曰行仁難言仁亦不得不難矣司馬牛問君子子曰君子不憂不懼孔安國曰牛兄桓魋將爲亂牛自宋來學常憂懼故孔子解之曰不憂不懼斯可謂君子已乎子曰內省不疚夫何憂何懼苞氏曰疚病也內省無罪惡無可憂懼也司馬牛

憂曰人皆有兄弟我獨亡鄭玄曰牛兄桓魋行惡死亡無日我為無兄弟也子夏曰商聞之矣死生有命富貴在天君子敬而無失與人恭而有禮四海之内皆為兄弟也君子何患乎無兄弟也苞氏曰君子疏惡而友賢九州之人皆可以禮親之子張問

明子曰浸潤之譖膚受之愬不行焉可謂明也已矣鄭玄曰譖人之言如水之浸潤以漸成人之禍馬融曰膚受皮膚外語非其內實也浸潤之譖膚受之愬不行焉可謂遠也已矣馬融曰無此二者非但為明其德行高遠人莫能及之子貢問政子曰足食足兵使民信之 六 十五

矣子貢曰必不得已而去於斯三 六 十五

者何先曰去兵曰必不得已而去

於斯二者何先曰去食自古皆有

死民不信不立孔安國曰死者古今常道人皆有之

治邦不可失信也棘子城曰君子貧而已

矣何以文爲矣鄭玄曰舊說云棘子城衛大夫也子

貢曰惜乎夫子之說君子也駟不及舌鄭玄曰惜乎夫子之說君子也過言一出駟馬追之不及舌文猶質也質猶文也虎豹之鞹猶犬羊之鞹也孔安國曰皮去毛曰鞹虎豹與犬羊別者正以毛文異耳今使文質同者何以別虎豹與犬羊邪哀公問於有若曰年飢用不足如之

六 十六

何有若對曰盍徹乎鄭玄曰盍者何不也周法十一而稅謂之徹徹通也為天下通法也曰二吾猶不足如之何其徹也孔安國曰二謂十二而稅也對曰百姓足君孰與不足百姓不足君孰與足孔安國曰孰誰也

子張問崇德辨惑苞氏曰辨別也子曰主忠信徙義

崇德也苞氏曰徙義見義則徙意從之愛之欲其生也惡之欲其死也既欲其生又欲其死是惑苞氏曰愛惡當有常一欲生之一欲死之是心惑也誠不以富亦祇以異鄭玄曰此詩小雅也祇適也言此行誠不可以致富適以足為異耳取此詩之異義以非之也齊景公問政於孔子孔子對

六 十七

曰君君臣臣父父子子孔安國曰當此時陳桓制齊君不君臣不臣故以此對也 六 十七

公曰善哉信如君不君臣不臣父不父子不子雖有粟吾豈得而食諸孔安國曰言將危也陳氏果滅齊也

子曰片言可以折獄者其由也與孔安國曰片猶偏也聽訟必須兩辭以定是非偏信一言

（以折獄者唯子路可也）子路無宿諾（宿猶豫也子路篤信恐臨時多故故不豫諾也）子曰聽訟吾猶人也（苞氏曰言與人等）必也使無訟乎（王肅曰化之在前也）子張問政子曰居之無倦行之以忠（王肅曰言爲政之道居之於身無得懈倦行之於民必以忠信也）子曰君子博學於文約之

以禮亦可以弗畔矣夫弗畔不違道也子曰君子成人之美不成人之惡小人反是季康子問政於孔子孔子對曰政者正也子帥而正孰敢不正鄭玄曰季康子魯上卿諸臣之帥也季康子患盜問於孔子孔子對曰茍子不欲雖

賞之不竊孔安國曰欲情慾也言民化於上不從其所令
從其所好也季康子問政於孔子曰如
殺無道以就有道何如孔安國曰就成也欲
多殺以止姦也孔子對曰子爲政焉用殺
子欲善而民善矣君子之德風也
小人之德草也草尚之風必偃孔安

六 十九

國曰亦欲令康子先自正也偃仆加草以風無不仆者猶民之化於上也

子張問士何如斯可謂之達也子曰何哉爾所謂達者矣子張對曰在邦必聞在家必聞鄭玄曰言士之所在皆能有名譽也子曰是聞也非達也夫達者質直而好義察言而觀色慮以

下人馬融曰常有謙退之志察言語見顏色知其所欲其念慮常欲以下人也在邦必達在家必達馬融曰謙尊而光卑而不可踰也夫聞者色取仁而行違居之不疑馬融曰此言佞人也佞人假仁者之色行之則違安居其僞而不自疑者也在邦必聞在家必聞馬融曰佞人黨多也樊遲從遊於舞雩

六 二十

之下苞氏曰舞雩之處有壇墠樹木故其下可遊也曰敢

問崇德脩慝辨惑孔安國曰慝惡也脩治也治惡

為善也子曰善哉問先事後得非崇

德與孔安國曰先勞於事然後得報也攻其惡毋

攻人之惡非脩慝與一朝之忿忘

其身以及其親非惑與樊遲問仁

子曰愛人問知子曰知人樊遲未達子曰舉直錯諸枉能使枉者直苞氏曰舉正直之人用之廢置邪枉之人則皆化爲直也樊遲退見子夏曰鄉也吾見於夫子而問知子曰舉直錯諸枉能使枉者直何謂也子夏曰富哉是言乎孔安

六

廿

國曰富盛也舜有天下選於衆舉臯陶不仁者遠矣湯有天下選於衆舉伊尹不仁者遠矣孔安國曰言舜湯有天下選擇於衆舉臯陶伊尹則不仁者遠矣仁者至矣子貢問友子曰忠告而以善導之否則止無自辱焉苞氏曰忠告以是非告之也以善導之不見從則止必言

之或見厚也

曾子曰：君子以文會友，孔安國曰友以文德合也 以友輔仁。孔安國曰友有相切磋之道所以輔成已之仁也

論語卷第六

經二千六十二字
註一千九百四十六字

論語子路第十三　何晏集解　凡卅章

子路問政。子曰：先之勞之。孔安國曰先導之以德使民信之然後勞之也易曰悅以使民民忘其勞之也請益。曰：無倦。孔安國曰子路嫌其少故請益曰無倦者行此上事無倦則可也

仲弓爲季氏宰，問政。子曰：先有司。王肅曰言爲政當先任有司而後責其事也

七卷　一

赦小過舉賢才曰焉知賢才而舉之曰舉爾所知爾所不知人其舍諸孔安國曰汝所不知者人將自舉之各舉其所知則賢才無遺也

子路曰衛君待子而為政子將奚先苞氏曰問往將何所先行也子曰必也正名乎馬融曰正正百事之名也子路曰有是哉

子之迂也奚其正名苞氏曰迂猶遠也言孔子之言遠於事也子曰野哉由也孔安國曰野猶不達也君子於其所不知蓋闕如也苞氏曰君子於其所不知當闕而勿據今由不知正名之義而謂之迂遠也名不正則言不順言不順則事不成事不成則禮樂不興禮樂不興

七二

則刑罰不中孔安國曰禮以安上樂以移風二者不行則有淫刑濫罰也刑罰不中則民無所措手足故君子名之必可言也言之必可行也王肅曰所名之事必可得而明言也所言之事必可得而遵行也君子於其言無所苟而已矣樊遲請學稼子曰吾不如老

農請學為圃子曰吾不如老圃（馬融曰樹五穀曰稼樹菜蔬曰圃也）樊遲出子曰小人哉樊須也上好禮則民莫敢不敬上好義則民莫敢不服上好信則民莫敢不用情（孔安國曰情情實也言民化其上各以情實應也）夫如是則四方之民襁負

七 三

其子而至矣焉用稼苞氏曰禮義與信足以成德何用學稼教民乎負者以器曰襁也子曰誦詩三百授之以政不達使於四方不能專對雖多亦奚以為哉專猶獨也子曰其身正不令而行其身不正雖令不從令教令也子曰魯衛之政兄弟也苞氏

曰魯周公之封衛康叔之封也周公康叔既為兄弟康叔睦於周公其國之政亦如兄弟也

子謂衛公子荊善居室王肅曰荊與蘧瑗史鰌並為君子也始有曰苟合矣少有曰苟完矣富有曰苟美矣

子適衛冉有僕孔安國曰孔子之衛冉有御也子曰庶矣哉孔安國曰庶衆也言衛民衆多也冉有

七四

曰既庶矣又何加焉曰富之曰既富矣又何加焉曰教之子曰苟有用我者期月而已可也三年有成孔安國曰言誠有用我於政事者期月而可以行其政教必三年乃有成功也子曰善人為邦百年亦可以勝殘去殺矣王肅曰勝殘勝殘暴之人使不為惡也去

殺不用刑殺也誠哉是言也孔安國曰古有此言故孔子信也子曰如有王者必世而後仁孔安國曰三十年曰世如有受命王者必三十年仁政乃成也子曰苟正其身矣於從政乎何有不能正其身如正人何冉子退朝周生烈曰謂罷朝於魯君也子曰何晏也對曰有

十五

政馬融曰政者有所改更匡正也子曰其事也馬融曰事者凡所行常事也如有政雖不吾以吾其與聞之馬融曰如有政非常之事我為大夫雖不見任用必當與聞之定公問一言而可以興邦有諸孔子對曰言不可以若是其幾也王肅曰以其大要一言不能正興國也幾近也有近一言

十五

可與國也人之言曰爲君難爲臣不易如知爲君之難也不幾乎一言而興邦乎孔安國曰事不可一言而成也知如此則可近也曰一言而可喪邦有諸孔子對曰言不可以若是其幾也人之言曰予無樂乎爲君唯其言而樂莫予

七六

違也孔安國曰言無樂於為君所樂者唯樂其言而不見違也
如其善而莫之違也不亦善乎如
不善而莫之違也不幾乎一言而
喪邦乎孔安國曰人君所言善無違之者則善也其所言不
善而無敢違之者則近一言而喪國也葉公問政子
曰近者悅遠者来子夏為莒父宰

問政鄭玄曰舊說曰莒父魯下邑也子曰毋欲速毋見小利欲速則不達見小利則大事不成孔安國曰事不可以速成而欲其速則不達矣見小利妨大事則大事不成也葉公語孔子曰吾黨有直躬者孔安國曰直躬直身而行也其父攘羊而子證之周生烈曰有因而盜曰攘孔子

曰吾黨之直者異於是父爲子隱子爲父隱直在其中矣樊遲問仁子曰居處恭執事敬與人忠雖之夷狄不可棄也（苞氏曰雖之夷狄無禮義之處猶不可棄去而不行也）子貢問曰何如斯可謂之士矣子曰行己有恥（孔安國曰有恥有所

不為也使於四方不辱君命可謂士矣曰敢問其次曰宗族稱孝焉鄉黨稱悌焉曰敢問其次曰言必信行必果硜硜然小人也抑亦可以為次矣鄭玄曰行必果所欲行必敢為之硜硜者小人之貌也抑亦其次言可以為次也曰今之從政者何

十八

如子曰噫斗筲之人何足筭也鄭玄曰噫心不平之聲也筲竹器容斗二升者也筭數也子曰不得中行而與之必也狂狷乎苞氏曰中行行能得其中者也言不得中行則欲得狂狷也狂者進取狷者有所不為也苞氏曰狂者進取於善道狷者守節無為欲得此二人者以時多進退取其恒一也子曰

南人有言曰：人而無恒，不可以作巫醫。孔安國曰：南人，南國之人也。鄭玄曰：言巫醫不能治無常之人也。善夫！苞氏曰：善南人之言也。不恒其德，或承之羞。孔安國曰：此易恒卦之辭也。言德無常，則羞辱承之。子曰：不占而已矣。鄭玄曰：易所以占吉凶也。無恒之人，易所不占也。

七 九

子曰：君子和而不同

小人同而不和君子心和然其所見各異故曰不同 七 九

小人所嗜好者同然各爭其利故曰不和也子貢問曰鄉人皆好之何如子曰未可也鄉人皆惡之何如子曰未可也不如鄉人之善者好之其不善者惡之也孔安國曰善人善已惡人惡已是善善明惡惡著也子曰

君子易事而難悦也孔安國曰不責備於一人故易事也悦之不以道不悦也及其使人也器也孔安國曰度才而任官也小人難事而易悦也悦之雖不以道悦也及其使人也求備焉子曰君子泰而不驕小人驕而不泰君子自縱泰似驕而不驕

七十

小人拘忌而實自驕矜也子曰剛毅木訥近仁王肅曰剛無欲也毅果敢也木質樸也訥遲鈍也有此四者近於仁也子路問曰何如斯可謂之士矣子曰切切偲偲怡怡如也可謂士矣朋友切切偲偲兄弟怡怡如也馬融曰切切偲偲相切責之貌也怡怡和順之貌也子曰善

人教民七年亦可以即戎矣苞氏曰即戎就兵可以攻戰也子曰以不教民戰是謂棄之馬融曰言用不習民使之戰必破敗是謂棄之也

論語憲問第十四　何晏集解凡卌四章

憲問恥子曰邦有道穀孔安國曰穀祿也邦有道當食其祿也邦無道穀恥也孔安國曰君無

七　十

道而在其朝食其祿是恥辱也克伐怨欲不行焉可以為仁矣馬融曰克好勝人也伐自伐其功也怨忌小怨也欲貪欲也子曰可以為難矣仁則吾不知也苞氏曰此四者行之難者未足以為仁也子曰士而懷居不足以為士矣士當志道不求安而懷其居非士也子曰邦有道危言危

行苞氏曰危厲也邦有道可以厲言行也邦無道危行言遜遜順也厲行不隨俗順言以遠害也子曰有德者必有言德不可以億中故必有言也有言者不必有德仁者必有勇勇者不必有仁南宮适孔安國曰适南宮敬叔魯大夫也問於孔子曰羿善射奡盪舟孔安國曰

羿有窮之君也篡夏后相之位其臣寒浞殺之因其室而生奡奡多力能陸地行舟為夏后少康所殺也俱不得其死然孔安國曰此二子者皆不得以壽終也禹稷躬稼而有天下夫子不荅馬融曰禹盡力於溝洫稷播殖百穀故曰躬稼也禹及其身稷及後世皆王也适意欲以禹稷比孔子孔子謙故不荅也南宮适出子曰君子哉

若人尚德哉若人孔安國曰賤不義而貴有德故

曰君子也子曰君子而不仁者有矣夫

未有小人而仁者也孔安國曰雖曰君子猶未

能備也子曰愛之能勿勞乎忠焉能

勿誨乎孔安國曰言人有所愛必欲勞來之有所忠必欲教

誨之也子曰爲命卑諶草創之孔安國曰

七—十三

卑諶鄭大夫名也謀於野則獲謀於國則否鄭國將有諸侯之事則使乘車以適野而謀作盟會之辭也世叔討論之行人子羽脩飾東里子產潤色之馬融曰世叔鄭大夫游吉也討治也卑諶既造謀世叔復治而論之詳而審之也行人掌使之官也子羽公孫揮也子產居東里因以為號也更此四賢而成故鮮有敗事也或問子產子曰惠

人也孔安國曰惠愛也子產古之遺愛也問子西曰

彼哉彼哉馬融曰子西鄭大夫彼哉彼哉言無足稱也或

曰楚令尹子西也問管仲曰人也猶詩言所謂伊

人也奪伯氏駢邑三百飯疏食沒齒

無怨言孔安國曰伯氏齊大夫駢邑地名也齒年也伯氏食

邑三百家管仲奪之使至蔬食而沒齒無怨言以當其理故也子

七 十四

曰貧而無怨難富而無驕易子曰孟公綽為趙魏老則優不可以為藤薛大夫也孔安國曰公綽魯大夫也趙魏皆晉卿也家臣稱老公綽性寡欲趙魏貪賢家老無職故優藤薛小國大夫職煩故不可為也子路問成人曰若臧武仲之智馬融曰魯大夫臧孫紇也公綽之不欲馬融

曰魯大夫孟公綽也卞莊子之勇周生烈曰卞邑大夫也冉求之藝文之以禮樂孔安國曰加之以禮樂文成也亦可以為成人矣曰今之成人者何必然見利思義馬融曰義然後取不苟得也見危授命久要不忘平生之言亦可以為成人矣孔安國曰久要舊約

七 十五

也平生猶少時也子問公叔文子於公明 七 十五
賈曰信乎夫子不言不笑不取乎
孔安國曰公叔文子衛大夫公孫拔也文謚也公明賈對
曰以告者過也夫子時然後言人
不厭其言也樂然後笑人不厭其
笑也義然後取人不厭其取也子

曰其然豈其然乎馬融曰美其得道嫌其不能悉然也

子曰臧武仲以防求為後於魯雖曰不要君吾不信也孔安國曰防武仲故邑也為後立後也魯襄公二十三年武仲為孟氏所譖出奔邾自邾如防使以大蔡納請曰紇非敢害也智不足也非敢私請苟守先祀無廢二勳敢不避邑乃立臧為紇致防而奔齊此所謂要君也

子

十七

十六

曰晉文公譎而不正鄭玄曰譎者詐也謂召於 十七 十八
天子而使諸侯朝之仲尼曰以臣召君不可以訓故書曰天王狩于
河陽是譎而不正也齊桓公正而不譎馬融曰伐
楚以公義責苞茅之貢不入問昭王南征不還是正而不譎也子
路曰桓公殺公子糾召忽死之管
仲不死曰未仁乎孔安國曰齊襄公立無常鮑叔

牙曰君使民慢亂將作矣奉公子小白出奔莒襄公從弟公孫無知殺襄公管夷吾召忽奉公子糾出奔魯齊人殺無知魯伐齊納子糾小白自莒先入是爲桓公乃殺子糾召忽死也子曰桓公九合諸侯不以兵車管仲之力也如其仁如其仁孔安國曰誰如管仲之仁矣子貢曰管仲非仁者與桓公殺公子

紂不能死又相之子曰管仲相桓公霸諸侯一匡天下馬融曰匡正也天子微弱桓公率諸侯以尊周室一正天下也民到于今受其賜受其賜者謂不被髮左衽之惠也微管仲吾其被髮左衽矣馬融曰微無也無管仲則君不君臣不臣皆為夷狄也豈若匹夫匹婦之為諒也

自經於溝瀆而莫之知也王肅曰經經死於溝瀆之中也管仲召忽之於公子糾君臣之義未正成故死之未足深嘉不死未足多非死既難亦在於過厚故仲尼但美管仲之功亦不言召忽不當死也公叔文子之臣大夫僎與文子同升諸公孔安國曰大夫僎本文子家臣也薦之使與己並為大夫同升在公朝也子聞之曰

可以爲文矣孔安國曰行如是可謚爲文也子曰衛靈公之無道也康子曰夫如是奚而不喪孔子曰仲叔圉治賓客祝鮀治宗廟王孫賈治軍旅夫如是奚其喪孔安國曰言君雖無道所任者各當其才何爲當亡乎也子曰其言之不怍則其爲之

難也馬融曰作慙也內有其實則言之不慙積其實者為之難也

陳成子弑簡公孔子沐浴而朝告於哀公曰陳桓弑其君請討之馬融曰陳成子齊大夫陳桓也將告君故先齊齋必沐浴也公曰告夫二三子孔安國曰謂三卿也孔子曰以吾從大夫之後不敢不告也君

七　十九

七 十九

曰告夫二三子者 馬融曰我於禮當告君不當告二三子君使我往故復往也 之二三子告不可孔子曰以吾從大夫之後不敢不告 馬融曰孔子由君命之二三子告不可故復以此辭語之而止也 子路問事君子曰勿欺也而犯之 孔安國曰事君之道義不可欺當能犯顏諫爭也 子曰

君子上達小人下達本為上末為下也子曰古之學者為己今之學者為人也孔安國曰為已履而行之無為人徒能言之也蘧伯玉使人於孔子孔子與人坐而問焉孔安國曰伯玉衛大夫蘧瑗也曰夫子何為對曰夫子欲寡其過而未能也言夫子欲寡其

過而未能無過也使者出子曰使乎使乎

陳羣曰再言使乎善之也言使得其人也子曰不在其位不謀其政曾子曰君子思不出其位子曰君子恥其言之過其行也子曰君子道者三我無能焉仁者不憂知者不惑勇者不懼子貢

曰夫子自道也子貢方人孔安國曰比方人也子曰賜也賢乎我夫我則不暇孔安國曰不暇比方人也子曰不患人之不己知患己無能也王肅曰徒患己之無能也子曰不逆詐不億不信抑亦先覺者是賢乎孔安國曰先覺人情者是寧能爲賢乎或時反怨人也

七 廿

微生畝謂孔子曰丘何為是栖栖
者與無乃為佞乎苞氏曰微生姓也畝名也孔
子對曰非敢為佞也疾固也苞氏曰疾
世固陋欲行道以化人也子曰驥不稱其力稱
其德也鄭玄曰德者謂調良之德也或曰以德
報怨何如子曰何以報德德恩惠之德也

七 廿

以直報怨以德報德子曰莫我知也夫子貢曰何爲其莫知子也子貢怪夫子言何爲莫知己故問也子曰不怨天不尤人馬融曰孔子不用於世而不怨天人不知己亦不尤人也下學而上達孔安國曰下學人事上知天命也知我者其天乎聖人與天地合其德故曰唯天知己也公

伯寮愬子路於季孫馬融曰愬譖也伯寮魯人弟子也子服景伯以告馬融曰魯大夫子服何忌也告告孔子也曰夫子固有惑志孔安國曰季孫信讒恚子路也於公伯寮也吾力猶能肆諸市朝鄭玄曰吾勢能辨子路之無罪於季孫使之誅伯寮而肆之也有罪既刑陳其尸曰肆也子曰道之將行

也與命也道之將廢也與命也公伯寮其如命何子曰賢者避世孔安國曰世主莫得而臣之也其次避地馬融曰去亂國適治邦也其次避色孔安國曰色斯舉也其次避言孔安國曰有惡言乃去也子曰作者七人矣苞氏曰作為也為之者凡七人謂長沮桀溺丈人石門荷蕢儀封人楚狂

接輿也

子路宿於石門石門晨門曰奚自晨門者閽人也子路曰自孔氏曰是知其不可而為之者與鼂氏曰言孔子知世不可為而強為之也

子擊磬於衛有荷蕢而過孔子之門者曰有心哉擊磬乎蕢草器也有心謂契契然也既而曰鄙哉硜硜

乎莫己知也斯己而已矣此硜硜徒信己而已言亦無益也深則厲淺則揭苞氏曰以衣涉水為厲揭揭衣言隨世以行己若遇水必以濟知其不可則當不為也子曰果哉末之難矣末知己志而便譏己所以為果也末無也無以難者以其不能解己道也子張曰

書云高宗諒陰三年不言何謂也

十　廿四

孔安國曰高宗殷之中興王武丁也諒信也陰猶默也子曰何必高宗古之人皆然君薨百官總己馬融曰已已百官也以聽於冢宰三年孔安國曰冢宰天官佑王治者也三年喪畢然後王自聽政也子曰上好禮則民易使也民莫敢不敬故易使之也子路問君子子曰脩己以敬人

孔安國曰敬其身也曰如斯而已乎曰脩己以安人孔安國曰人謂朋友九族也曰如斯而已乎曰脩己以安百姓脩己以安百姓堯舜其猶病諸孔安國曰病猶難也原壤夷俟馬融曰原壤魯人孔子故舊也夷踞也俟待也踞待孔子也子曰幼而不遜悌長而無述

廿五

焉老而不死是爲賊賊爲賊害也以杖叩其脛孔安國曰叩擊也脛脚脛也闕黨童子將命矣馬融曰闕黨之童子將命者傳賓主之語出入之也或問之曰益者與子曰吾見其踞於位也童子隅坐無位成人乃有位也見其與先生並行也非求益者也欲速成者

廿五

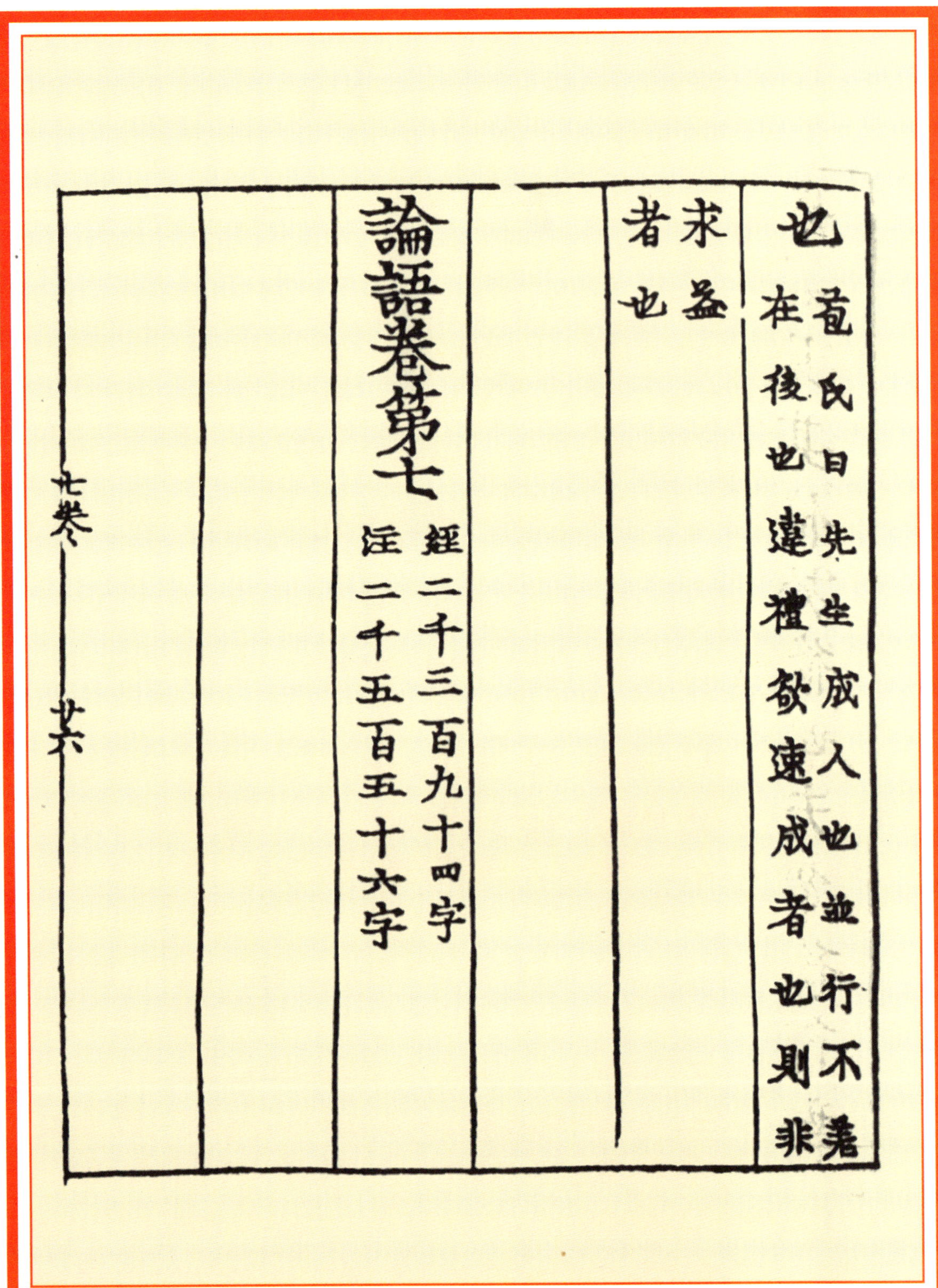

也皇氏曰先生成人也並行不差在後也違禮欲速成者也則非求益者也

論語卷第七

經二千三百九十四字

注二千五百五十六字

七卷 廿六

論語衛靈公第十五　何晏集解 九卅章

衛靈公問陳於孔子孔安國曰軍陳行列之法也孔子對曰俎豆之事則嘗聞之矣孔安國曰俎豆禮器也軍旅之事未之學也鄭玄曰万二千五百人為軍五百人為旅軍旅末事本未立則不可教以末事也明日遂行在陳絕粮從

者病莫能興孔安國曰從者弟子也興起也孔子去衛如曹曹不容又之宋遭匡人之難又之陳會吳伐陳陳亂故乏食也子路慍見曰君子亦窮乎子曰君子固窮小人窮斯濫矣濫溢也君子固亦有窮時但不如小人窮濫溢為非也子曰賜也汝以予為多學而識之者與對曰然孔安

國曰然謂多學而識之也非與孔安國曰問今不然邪也曰

非也予一以貫之善有元事有會天下殊塗而同

歸百慮而一致知其元則衆善舉矣故不待多學一以知之也子

曰由知德者鮮矣王肅曰君子固窮而子路愠見

故謂之少於知德者也子曰無為而治者其

舜也與夫何為哉恭己正南面而

已矣（言任官得其人故無為而治也）子張問行子曰言忠信行篤敬雖蠻貊之邦行矣言不忠信行不篤敬雖州里行乎哉（鄭玄曰万二千五百家為州五家為鄰五鄰為里行乎哉）立則見其參然於前也（言不可行也）在輿則見其倚於衡也夫然後行也

苞氏曰衡扼也言思念忠信立則常想見參然在前在輿則若倚衡扼也子張書諸紳孔安國曰紳大帶也子曰直哉史魚孔安國曰衛大夫史鰌也邦有道如矢邦無道如矢孔安國曰有道無道行直如矢不曲也君子哉蘧伯玉邦有道則仕邦無道則可卷而懷也苞氏曰卷而懷謂不與時政柔

八三

順不忤於人也子曰可與言而不與言失人不可與言而與言之失言知者不失人亦不失言子曰志士仁人無求生以害仁有殺身以成仁孔安國曰無求生而害仁死而後成仁則志士仁人不愛其身也子貢問為仁子曰工欲善其事必先

利其器居是邦也事其大夫之賢者友其士之仁者也孔安國曰言工以利器爲用人以賢友爲助也顔淵問爲邦子曰行夏之時據見万物之生以爲四時之始取其易知也乘殷之輅馬融曰殷車曰大輅左傳曰大輅越席也昭其儉也服周之冕苞氏曰冕禮冠也周之禮文而備也取其黈纊塞耳

八四

不任視聽也樂則韶舞韶舜樂也盡善盡美故取之

放鄭聲遠佞人鄭聲淫佞人殆孔安國曰鄭聲佞人亦俱能感人心與雅樂賢人同而使人淫乱危殆故當放遠也

子曰人而無遠慮必有近憂

子曰已矣乎吾未見好德如好色者也

子曰臧文仲其竊位者與知

柳下惠之賢而不與立也（孔安國曰柳下惠展禽也知其賢而不舉爲竊位也）子曰躬自厚而薄責於人則遠怨矣（孔安國曰自責己厚責人薄所以遠怨咎也）子曰不曰如之何（孔安國曰不曰如之何者猶不曰奈是何也）如之何者吾末如之何也已矣（孔安國曰如之何者言禍難已成吾

亦無如之何也子曰群居終日言不及義
好行小慧難矣哉鄭玄曰小慧謂小小才知也難矣哉言終無成也子曰君子義以爲質禮
以行之遜以出之信以成之君子
哉子曰君子病無能焉不病人之
不已知也子曰君子疾沒世而名

不稱焉疾猶病也子曰君子求諸己小人求諸人君子責己小人責人也子曰君子矜而不爭苞氏曰矜矜莊也羣而不黨孔安國曰黨助也君子雖衆不相私助義之與比之也子曰君子不以言舉人苞氏曰有言者不必有德故不可以言舉人也不以人廢言子貢問曰有一

言而可以終身行者乎子曰其恕乎己所不欲勿施於人也子曰吾之於人也誰毀誰譽如有可譽者其有所試矣苞氏曰所譽輒試以事不空譽而已矣斯民也三代之所以直道而行也馬融曰三代夏殷周也用民如此無所阿私所以云直道而行也

子曰：吾猶及史之闕文也。苞氏曰：古之史於書字有疑則闕之，以待知者也。有馬者借人乘之，今則亡矣夫。苞氏曰：有馬不能調良，則借人使習之。孔子自謂及見其人如此，至今無有矣。言此者，以俗多穿鑿也。

子曰：巧言亂德，小不忍亂大謀。孔安國曰：巧言利口則亂德義，小不忍則亂大謀也。

子曰：衆惡

之必察焉衆好之必察焉王肅曰或衆阿黨比周或其人特立不羣故好惡不可不察也子曰人能弘道非道弘人也材大者道隨大材小者道隨小故不能弘人也子曰過而不改是謂過矣子曰吾嘗終日不食終夜不寢以思無益不如學也子曰君子謀道

不謀食耕也餒在其中矣學也祿在其中矣君子憂道不憂貧也鄭玄曰餒餓也言人雖念耕而不學故飢餓學則得祿雖不耕而不飢勸人學也

子曰知及之仁不能守之雖得之必失之苞氏曰知能及治其官而仁不能守雖得之必失之也

知及之仁能守之不莊以

涖之則民不敬苞氏曰不嚴以臨之則民不敬從上也知及之仁能守之莊以涖之動之不以禮未善也王肅曰動必以禮然後善也

子曰君子不可小知而可大受也小人不可大受也而可小知也君子之道深遠不可以小了知而可大受也小人之道淺近可以小了知

而不可大受也子曰民之於仁也甚於水

火馬融曰水火與仁皆民所仰而生者也仁最爲甚也水火

吾見蹈而死者矣未見蹈仁而死

者也馬融曰蹈水火或時殺人蹈仁未嘗殺人也子曰

當仁不讓於師孔安國曰當行仁之事不復讓於師

八 九 行仁急也子曰君子貞而不諒孔安國曰貞正

也諒信也君子之人正其道耳言不必信也

子曰事君敬其事而後其食孔安國曰先盡力然後食祿也

子曰有教無類馬融曰言人在見教無有種類也

子曰道不同不相為謀

子曰辭達而已矣凡事莫過於實足也辭達則足矣不煩文豔之辭也

師冕見孔安國曰師樂人盲者也名冕也及階子

曰階也及席也子曰席也皆坐子告之曰某在斯某在斯孔安國曰歷告以坐中人姓字及所在處也師冕出子張問曰與師言之道與子曰然固相師之道也馬融曰相導也

論語季氏第十六　何晏集解　九十四章

季氏將伐顓臾冉有季路見於孔子曰季氏將有事於顓臾孔安國曰顓臾宓羲之後風姓之國本魯之附庸當時臣屬魯季氏貪其地欲滅而有之冉有與季路為季氏臣來告孔子也孔子曰求無乃爾是過與孔安國曰冉求為季氏宰相其室為之聚斂故孔子獨疑求教也夫顓臾昔者先王以

為東蒙主孔安國曰使主祭蒙山也且在邦域之中矣孔安國曰魯七百里之邦顓臾為附庸在其域中也是社稷之臣也何以為伐也孔安國曰已屬魯為社稷之臣何用滅之為也冉有曰夫子欲之吾二臣者皆不欲也孔安國曰歸咎於季氏也孔子曰求周任有言曰陳力就

列不能者止馬融曰周任古之良吏也言當陳才事度已所任以就其位不能則當止也危而不持顚而不扶則將焉用彼相矣苞氏曰言輔相人者當持危扶顚若不能何用相爲也且爾言過矣虎兕出於柙龜玉毁櫝中是誰之過與馬融曰柙檻也櫝匱也非典守者之過邪也冉有曰

今夫顓臾固而近於費馬融曰固謂城郭完堅兵甲利也費季氏之邑也今不取後世必為子孫憂孔子曰求君子疾夫孔安國曰疾如汝之言也舍曰欲之而必更為之辭孔安國曰舍其貪利之說更作佗辭是所疾也丘也聞有國有家者不患寡而患不均孔安國曰

八　十二

國者諸侯家者卿大夫也不患土地人民之寡少患政治之不均平

不患貧而患不安孔安國曰憂不能安民耳民安則國富也蓋均無貧和無寡安無傾苞氏曰政教均平則不患貧矣上下和同不患寡矣小大安寧不傾危也矣

夫如是故遠人不服則修文德以來之既來之則安之今由與求也

相夫子遠人不服而不能来也邦分崩離折而不能守也孔安國曰民有異心曰分欲去曰崩不可會聚曰離折也而謀動干戈於邦内孔安國曰干楯也戈戟也吾恐季孫之憂不在於顓史而在蕭牆之内也鄭玄曰蕭之言肅也蕭牆謂屏也君臣相見之禮至屏而加肅敬焉是以

謂之蕭牆後季氏之家臣陽虎果囚季桓子也孔子曰天下有道則禮樂征伐自天子出天下無道則禮樂征伐自諸侯出自諸侯出蓋十世希不失矣孔安國曰希少也周幽王為犬戎所殺平王東遷周始微弱諸侯自作禮樂專征伐始於隱公至照公十世失政死於乾侯也自大夫出五

世希不失矣孔安國曰季文子初得政至桓子五世為家臣陽虎所囚也陪臣執國命三世希不失矣馬融曰陪重也謂家臣也陽氏為季氏家臣至虎三世而出奔齊也天下有道則政不在大夫孔安國曰制之由君也天下有道則庶人不議孔安國曰無所非議也孔子曰祿之去公室

五世矣 鄭玄曰言此之時魯定公之初也魯自東門襄仲殺文公之子赤而立宣公於是政在大夫爵祿不從君出至定公為五世也 政逮大夫四世矣 鄭玄曰文子武子悼子平子也 故夫三桓之子孫微矣 孔安國曰三桓者謂仲孫叔孫季孫也三卿皆出桓公也故曰三桓也仲孫氏改其氏稱孟氏至哀公皆衰也 孔子曰益者三友損

者三友友直友諒友多聞益矣友便僻馬融曰便巧辟人所忌以求容媚也友善柔馬融曰面柔也友便佞損矣鄭玄曰便辨也謂佞而辨也

孔子曰益者三樂損者三樂樂節禮樂動得禮樂之節也樂道人之善樂多賢友益矣樂驕樂孔安國曰恃尊貴以即恣也

樂佚遊王肅曰佚遊出入不知節也樂宴樂損矣孔安國曰宴樂沉荒淫瀆也三者自損之道也孔子曰侍於君子有三愆孔安國曰愆過也言未及之而言謂之躁鄭玄曰躁不安靜也言及之不言謂之隱孔安國曰隱匿不盡情實也未見顏色而言謂之瞽周生烈曰未見君子顏色

旁趣向而便逆先意語者猶瞽者也孔子曰君子有三戒少之時血氣未定戒之在色及其壯也血氣方剛戒之在鬬及其老也血氣既衰戒之在得孔安國曰得貪得也孔子曰君子有三畏畏天命順吉逆凶天之命也畏大人大人即聖人與天地合其德者

八卷　十六

也畏聖人之言深遠不可易知則聖人之言也小人不知天命而不畏也恢疏故不知畏也狎大人直而不肆故狎之也侮聖人之言不可小知故侮之也孔子曰生而知之者上也學而知之者次也困而學之又其次也孔安國曰困謂有所不通之也困而不學民

斯為下矣孔子曰君子有九思視思明聽思聰色思溫貌思恭言思忠事思敬疑思問忿思難見得思義孔子曰見善如不及見不善如探湯吾見其人矣吾聞其語孔安國曰探湯喻去惡疾也隱居以求其志行義以

達其道吾聞其語矣未見其人也齊景公有馬千駟死之日民無得而稱焉（孔安國曰千駟四千匹也）伯夷叔齊餓于首陽之下（馬融曰首陽山在河東蒲坂華山之北河曲之中也）民到于今稱之其斯謂與（王肅曰此所謂以德為稱者也）陳亢問於伯魚曰子

亦有異聞乎馬融曰以為伯魚孔子之子所聞當有異也對曰未也嘗獨立孔安國曰獨立謂孔子也鯉趨而過庭曰學詩乎對曰未也曰不學詩無以言也鯉退而學詩他日又獨立鯉趨而過庭曰學禮乎對曰未也不學禮無以立也鯉

退而學禮聞斯二矣陳亢退喜曰問一得三聞詩聞禮又聞君子之遠其子也邦君之妻君稱之曰夫人夫人自稱曰小童邦人稱之曰君夫人稱諸異邦曰寡小君異邦人稱之亦曰君夫人也孔安國曰小君君夫

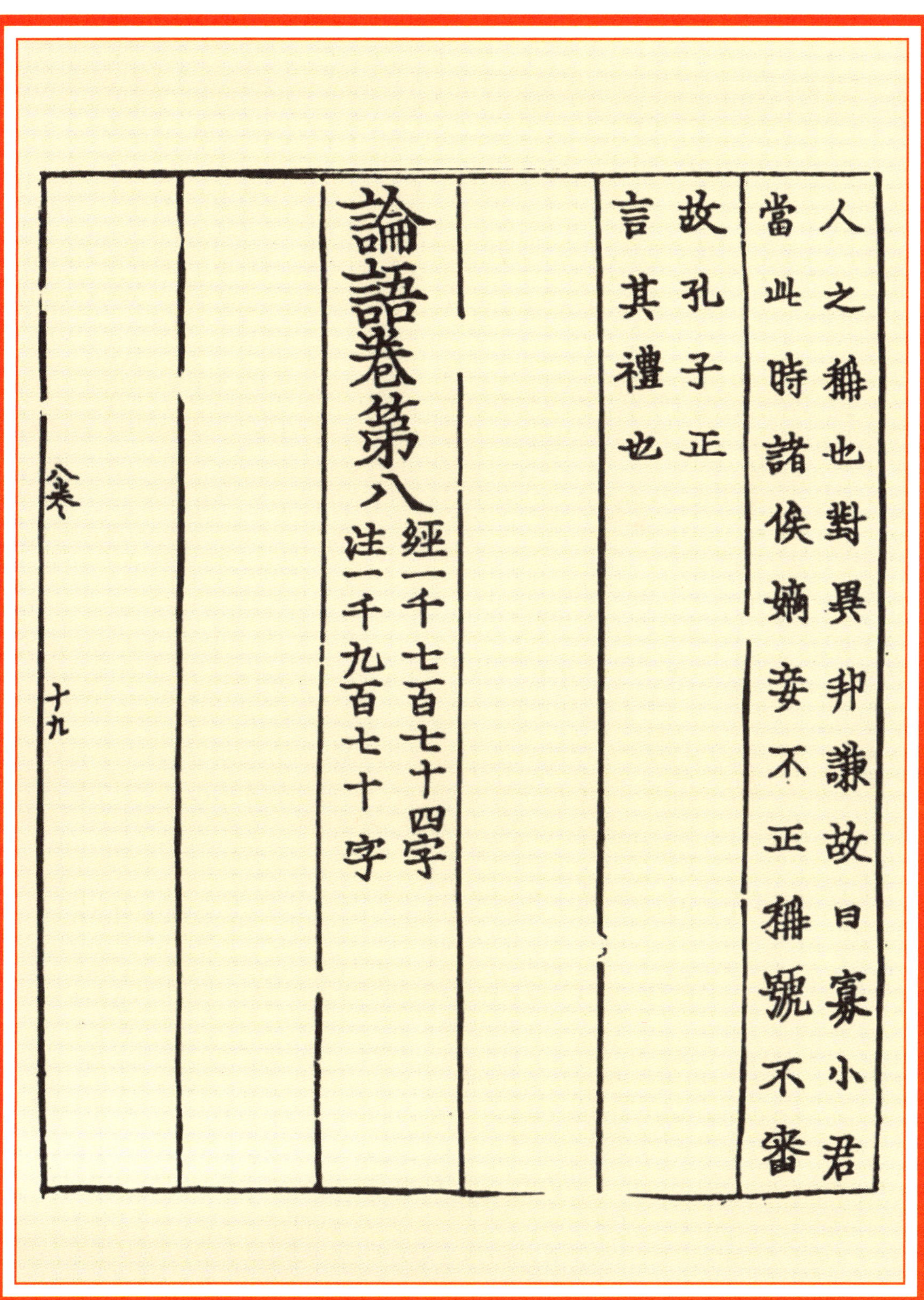

人之稱也對異邦謙故曰寡小君當此時諸侯嫡妾不正稱號不審故孔子正言其禮也

論語卷第八經一千七百七十四字注一千九百七十字

八卷 十九

論語陽貨第十七　何晏集解　九廿四章

陽貨欲見孔子孔子不見孔安國曰陽貨陽虎也季氏家臣而專魯國之政欲見孔子使仕也歸孔子豚孔安國曰欲使往謝故遺孔子豚也孔子時其亡也而往拜之遇諸塗孔安國曰塗道也於道路與相逢也謂孔子曰來予與爾言曰懷

論　九卷之一

其寶而迷其邦可謂仁乎曰不可馬融曰言孔子不仕是懷寶也知國不治而不為政是迷邦也好從事而亟失時可謂智乎曰不可孔安國曰言孔子栖栖好從事而數不遇失時不為有智也日月逝矣歲不我與馬融曰年老歲月已往當急仕也孔子曰諾吾將仕矣孔安國曰以順辭免

害也子曰性相近也習相遠也孔安國曰
君子慎所習也子曰唯上智與下愚不移
孔安國曰上智不可強使為惡下愚不可使強賢也子之武
城聞絃歌之聲孔安國曰子游為武城宰夫子
莞爾而笑莞爾小笑貌曰割雞焉用牛
刀孔安國曰言治小何須用大道子游對曰昔者

九二

偃也聞諸夫子曰君子學道則愛人小人學道則易使孔安國曰道禮樂也樂以和人人和則易使也子曰二三子孔安國曰從行者也偃之言是也前言戲之耳孔安國曰戲以治小而用大道公山不擾以費畔召子欲往孔安國曰不擾為季氏宰與陽虎共執季桓子而召孔子也

子路不悅曰末之也已何必公山氏之之之也孔安國曰之適也無可之則止耳何必公山氏之適

子曰夫召我者而豈徒哉如有用我者吾其為東周乎興周道於東方故曰東周

子張問仁於孔子孔子對曰能行五者於天下為仁矣請問之曰

恭寬信敏惠恭則不侮孔安國曰不見侮慢
九三
也寬則得衆信則人任焉敏則有
功孔安國曰應事疾則多成功也惠則足以使人
佛肸召子欲往孔安國曰晉大夫趙簡子之邑宰
子路曰昔者由也聞諸夫子曰親
於其身為不善者君子不入不入其國

佛肸以中牟叛子之往也如之何
子曰然有是言曰不曰堅乎磨而
不磷不曰白乎涅而不緇孔安國曰磷薄
也涅可以染皁者言至堅者磨之而不薄至白者染之涅不黑君子
雖在濁亂濁亂不能汚也吾豈匏瓜也哉焉能
繫而不食匏瓠也言瓠匏瓜得繫一處者不食故也吾自

食物當東西南北不得如不食之物繫滯一處也子曰由也汝聞六言六蔽矣乎六言六蔽下六事謂仁智信直勇剛也對曰未也居吾語汝孔安國曰子路起對故使還坐也好仁不好學其蔽也愚孔安國曰仁者愛物不知所以裁之則愚好知不好學其蔽也蕩孔安國曰蕩無所適守也好信

不好學其蔽也賊孔安國曰父子不知相為隱之輩好直不好學其蔽也絞好勇不好學其蔽也亂好剛不好學其蔽也狂孔安國曰狂妄抵觸人子曰小子何莫學夫詩苞氏曰小子門人也詩可以興孔安國曰興引譬連類可以觀鄭玄曰觀觀風俗之盛衰可以

羣孔安國曰君羣居相切磋也可以怨孔安國曰怨刺上政邇之事父遠之事君孔安國曰邇近也多識於鳥獸草木之名子謂伯魚曰女為周南召南矣乎人而不為周南召南其猶正牆面而立也與馬融曰周南召南國風之始淑女以配君子三綱之首王教之端故人而

不為如向牆而立子曰禮云禮云玉帛云乎哉鄭玄曰玉珪璋之屬帛束帛之屬言禮非但崇此玉帛而已所貴者乃貴其安上治民也樂云樂云鐘鼓云乎哉馬融曰樂之所貴者移風易俗非謂鐘鼓而已也子曰色厲而內荏孔安國曰荏柔也謂外自矜厲而內柔佞者譬諸小人其猶穿窬之盗也

與孔安國曰為人如此猶小人之有盜心穿穿壁窬窬牆之也

子曰鄉原德之賊也周生烈曰所至之鄉輙原其人情而為己意以待之是賊亂德者也一曰鄉向也古字同謂人不能剛毅而見人輙原其趣向容媚而合之言此所以賊德也

子曰道聽而塗說德之棄馬融曰聞之於道路則傳而說之

子曰鄙夫可與事君哉孔安

國曰言不可與事君

其未得之患得之患得之者患不能得之楚俗言既得之患失之苟患失之無所不至矣鄭玄曰無所不至者言邪媚無所不為也

子曰古者民有三疾今也或是之亡也包氏曰言古者民疾與今時異也古之狂也肆包氏曰肆極意敢言也今之狂也蕩孔安國曰

蕩無所據古之矜也廉馬融曰有廉隅也今之矜也忿戾孔安國曰惡理多怒古之愚也直今之愚也詐而已矣子曰惡紫之奪朱孔安國曰朱正色紫間色之好者惡其邪好而奪正色惡鄭聲之亂雅樂苞氏曰鄭聲淫聲之哀者惡其奪雅樂也惡利口之覆邦家孔安國曰利口之人

多言少實茍能悅媚時君傾覆其國家也子曰予欲無
言子貢曰子如不言則小子何述
焉言之為益少故欲無言也子曰天何言哉四
時行焉百物生焉天何言哉孺悲
欲見孔子孔子辭之以疾將命者
出户取瑟而歌使之聞之孺悲魯人也孔

九卷 八

子不欲見故辭以疾為其將命者不知已故歌令將命者悟所以令孺悲思也

宰我問三年之喪期已久矣君子三年不為禮禮必壞三年不為樂樂必崩舊穀既没新穀既升鑽燧改火期可已矣

馬融曰周書月令有更火春取榆柳之火夏取棗杏之火季夏取桑柘之火秋取柞楢之火冬

取槐檀之火一年之中鑽火各異木故曰改火也子曰食夫稻也衣夫錦也於女安乎曰安之女安則為之夫君子之居喪食旨不甘聞樂不樂居處不安故不為也今女安則為之孔安國曰旨美也責其無仁於親故再言女安則為之宰我出曰予之不

卷九　九

仁也子生三年然後免於父母之懷馬融曰子生未三歲爲父母所懷抱也夫三年之喪天下之通喪也孔安國曰自天子達於庶人予也有三年之愛於其父母乎孔安國曰言子之於父母欲報之德昊天罔極而予也有三年之愛也子曰飽食終日無所用心難矣哉

九卷 九

不有博弈者乎為之猶賢乎已為其無所據樂善生淫慾子路曰君子尚勇乎子曰君子義以為上君子有勇而無義為亂小人有勇而無義為盜子貢問曰君子亦有惡乎子曰有惡惡稱人之惡者苞氏曰好稱說人惡所以為惡也

惡居下流而訕上者（孔安國曰訕謗毁也）惡勇而無禮者惡果敢而窒者（馬融曰窒窒塞也）曰賜也亦有惡也惡徼以為智者（孔安國曰徼抄也抄人之意以為已有）惡不遜以為勇者惡訐以為直者（苞氏曰訐謂攻發人之陰私）子曰唯女子與小人為難

養也近之則不遜遠之則怨子曰年四十而見惡焉其終也已鄭玄曰年在不惑而為人所惡終無善行也

論語微子第十八　何晏集解　凡十一章

微子去之箕子爲之奴比干諫而死馬融曰微箕二國名子爵也微子紂之庶兄箕子比干紂之諸

九卷　十一

父也微子見紂無道早去之箕子詳狂為奴比干以諫而見殺也

孔子曰殷有三仁焉仁者愛人三人行各異而同稱仁以其俱在憂亂寧民也柳下惠為士師孔安國曰士師典獄之官三黜人曰子未可以去乎曰直道而事人焉往而不三黜孔安國曰苟直道以事人所至之國俱當復三黜枉道而

事人何必去父母之邦齊景公待孔子曰若季氏則吾不能以季孟之閒待之孔安國曰魯三卿季氏為上卿最貴孟氏為下卿不用事言待之以二者之閒曰吾老矣不能用也孔子行以聖道難成故云老矣不能用齊人歸女樂季桓子受之三日不朝孔子

行孔安國曰桓子季孫斯也使定公受齊之女樂君臣相與觀之廢朝禮三日也楚狂接輿歌而過孔子之門孔安國曰接輿楚人也詳狂而來歌欲以感切孔子曰鳳兮鳳兮何德之衰也孔安國曰比孔子於鳳鳥也鳳鳥待聖君而乃見非孔子周行求合故曰衰之也往者不可諫也孔安國曰已往所行不可復諫止來者

猶可追也孔安國曰自今以來可追自止避亂隱居已而已而今之從政者殆而孔安國曰已而者言世亂已甚不可復治再言之者傷之甚也孔子下欲與之言趨而避之不得與之言苞氏曰下下車也長沮桀溺耦而耕孔子過之使子路問津焉鄭玄曰長沮桀溺隱者也耜廣

五寸二耜為耦津濟渡處長沮曰夫執輿者為誰子路曰為孔丘曰是魯孔丘與對曰是也曰是知津矣馬融曰言數周流自知津處也問於桀溺桀溺曰子為誰曰為仲由曰是魯孔丘之徒與對曰然曰滔滔者天下皆是也而誰以

易之孔安國曰滔滔者周流之貌也言當今天下治亂同空舍此適彼故曰誰以易之且而與其從避人之士豈若從避世之士哉士有避人之法有避世之法長沮桀溺謂孔子為士從避人之法也已為士則從避世之法也耰而不輟鄭玄曰耰覆種也輟止也覆種不止不以津告也子路行以告夫子憮然為其不達

已意而便
非已也
曰鳥獸不可與同羣也
孔安國曰隱居於山
林是與鳥獸同羣
吾非斯人之徒與而誰與
孔安國曰吾自當與
此天下人同羣安能
去人從鳥
獸居乎
天下有道丘不與易也
孔安國曰言凡天下有道者丘
皆不與易之已大而人小故也
子路從而後遇丈人以杖荷蓧
苞氏
曰丈

人老者也蓧竹器名也子路問曰子見夫子乎丈人曰四體不勤五穀不分孰為夫子苞氏曰丈人曰不勤勞四體不分殖五穀誰為夫子而索之耶植其杖而芸孔安國曰植倚也除草曰芸子路拱而立未知所以荅也止子路宿殺雞為黍而食之見其二子焉明日

子路行以告子曰隱者也使子路反見之至則行矣孔安國曰子路反至其家丈人出行不在子路曰不仕無義鄭玄曰留言以語丈人之二子也長幼之節不可廢也君臣之義如之何其可廢也孔安國曰言安知父子相養不可廢反可廢君臣之義耶欲絜其身而亂

大倫苞氏曰倫道也理也君子之仕也行其義也道之不行也已知之矣苞氏曰言君子之仕所以行君臣之義也不自必道得行孔子道不見用自已知之也逸民伯夷叔齊虞仲夷逸朱張柳下惠少連逸民者節行超逸者包氏曰此七人皆逸民之賢者也子曰不降其志不辱其

身者伯夷叔齊與鄭玄曰言其直已之心不入庸君之朝謂柳下惠少連降志辱身矣言中倫行中慮其斯而已矣孔安國曰但能言應倫理行應思慮若此而已謂虞仲夷逸隱居放言苞氏曰放置也置不復言世務也身中清廢中權馬融曰清純潔也遭世亂身廢棄以免患合於權也

我則異於是無可無不可馬融曰亦不必

進亦不必退唯義所在大師摯適齊亞飯干

適楚孔安國曰亞次也次飯樂師也摯于皆名也三飯

繚適蔡四飯缺適秦苞氏曰三飯四飯樂章名

也各異師繚缺皆名鼓方叔入于河苞氏曰鼓擊鼓

者方叔名也入謂居其河內也播鼗武入于漢孔安

國曰播猶揺也武名也少師陽擊磬襄入于海孔安國曰魯哀公時禮毀樂崩樂人皆去陽襄皆名周公語魯公孔安國曰魯公周公之子伯禽封於魯曰君子不施其親孔安國曰施易也不以他人易其親也不使大臣怨乎不以孔安國曰以用也怨不見聽用故舊無大故則不棄也毋求備

於一人孔安國曰大故謂惡逆之事周有八士伯達伯适仲突仲忽叔夜叔夏季隨季騧苞氏曰周時四乳得八子皆為顯士故記之

論語卷第九 經一千六百五十字 注一千七百七十八字

九 大

論語子張第十九　何晏集解　凡廿四章　凡廿五章

子張曰士見危致命孔安國曰致命不愛其身也見得思義祭思敬喪思哀其可已矣子張曰執德不弘信道不篤焉能為有焉能為亡孔安國曰言無所輕重也

子夏之門人問交於子張孔安國曰問問

與人交接之道也子張曰子夏云何對曰
子夏曰可者與之其不可者距之
子張曰異乎吾所聞也君子尊賢
而容衆嘉善而矜不能我大賢與
於人何所不容我不賢與人將距
我如之何其距人也苞氏曰友交當如子夏汎

交當如子張也子夏曰雖小道必有可觀者焉小道謂異端也致遠恐泥包氏曰泥難不通也是以君子不爲也子夏曰日知其所亡孔安國曰日知其所未聞也月無忘其所能可謂好學也已矣子夏曰博學而篤志孔安國曰博學而厚識也切問而近思

切問者切問於己所學而未窹之事也近思者近思己所能及之事也汎問所未學遠思所未達則於所習者不精於所思者不解之

仁在其中矣子夏曰百工居肆以成其事君子學以致其道苞氏曰言百工處其肆則事成猶君子學以立其道也子夏曰小人之過也必文孔安國曰文飾其過不言其情實也子

夏曰君子有三變望之儼然即之也温聽其言也厲鄭玄曰厲嚴正也子夏曰君子信而後勞其民未信則以爲厲己也王肅曰厲病也信而後諫未信則以爲謗己矣子夏曰大德不踰閑孔安國曰閑猶法也小德出入可也孔安國曰

三

小德不能不踰法故曰出入可也子游曰子夏之門人小子當洒掃應對進退則可矣抑末也本之則無如之何苞氏曰言子夏弟子於當對賓客修威儀禮節之事則可然此但是人之末事耳不可無其本也故云本之則無如之何也子夏聞之曰噫孔安國曰噫心不平之聲也言游過矣君

子之道孰先傳焉孰後倦焉苞氏曰言先傳大業者必厭倦故我門人先教以小事後將教以大道也譬諸草木區以別矣馬融曰言大道與小道殊異譬如草木異類區別言學當以次也君子之道焉可誣也馬融曰君子之道焉可使誣言我門人但能洒掃而已也有始有卒者其唯聖人乎孔安國曰終始

十四

如一唯聖人耳也子夏曰仕而優則學馬融曰行有餘力則以學文也學而優則仕子游曰喪致乎哀而止孔安國曰毀不傷性也子游曰吾友張也為難能也苞氏曰言子張容儀之難及也然而未仁曾子曰堂堂乎張也難與並為仁矣鄭玄曰言子張容儀盛而於仁

道薄也

曾子曰吾聞諸夫子人未有自致也者必也親喪乎

馬融曰言人雖未能自致盡於他事至於親喪必自致盡也

曾子曰吾聞諸夫子孟莊子之孝也其他可能也其不改父之臣與父之政是難也

馬融曰孟莊子魯大夫仲孫速也謂在諒闇之中父臣及父政

雖不善者不忍改也孟氏使陽膚為士師苞氏曰陽膚曾子弟子也士師典獄官也問於曾子曾子曰上失其道民散久矣如得其情則哀矜而勿喜馬融曰民之離散為輕漂犯法乃上之所為也非民之過也當哀矜之勿之自喜能得其情也子貢曰紂之不善也不如是之甚也是

以君子惡居下流天下之惡皆歸

焉孔安國曰紂爲不善以喪天下後世憎甚之皆以天下之惡歸之於紂也子貢曰君子之過也如日月

之蝕也過也人皆見之更也人皆

仰之孔安國曰更改也衛公孫朝馬融曰朝衛大夫也問於子貢曰仲尼焉學子貢曰

十六

文武之道未墜於地在人賢者識其大者不賢者識其小者莫不有文武之道焉夫子焉不學孔安國曰文武之道未墜落於地賢與不賢各有所識夫子無所不從學也而亦何常師之有孔安國曰無所不從學故無常師也

叔孫武叔語大夫於朝馬融曰魯大夫叔孫

十六

州仇也武謚也曰子貢賢於仲尼子服景
伯以告子貢子貢曰譬諸宮牆也
賜之牆也及肩闚見室家之好夫
子之牆也數仞不得其門而入者
不見宗廟之美百官之富得其門
者或寡矣苞氏曰七尺曰仞也夫子之云不

亦宜乎[苞氏曰夫子謂武叔也]叔孫武叔毁仲尼子貢曰無以爲也仲尼不可毁也他人之賢者丘陵也猶可踰也仲尼如日月也無得而踰焉人雖欲自絶也其何傷於日月乎多見其不知量也[言人雖自欲絶棄於日月其何能傷]

〔之乎適自見不知量〕陳子禽謂子貢曰子為恭也仲尼豈賢於子乎子貢曰君子一言以為智一言以為不智言不可不慎也夫子之不可及猶天之不可階而升也夫子得邦家者〔孔安國曰謂為諸侯若卿大夫也〕所謂立之斯立

導之斯行綏之斯來動之斯和其生也榮其死也哀如之何其可及也

孔安國曰綏安之言孔子爲政其立教則莫不立導之則莫不興行也安之則遠者来至動之則莫不和穆也故能生則見榮顯死則見哀痛矣也

論語堯曰第二十　何晏集解　九三章

堯曰咨爾舜天之厤數在爾躬（曆數謂列次也）允執其中四海困窮天祿永終（苞氏曰允信也困極也永長也言爲政信執其中則能窮極四海天祿所以長終也）舜亦以命禹（孔安國曰舜亦以堯命已之辭命禹也）曰予小子履敢用玄牡敢昭告于皇皇后帝（孔安國曰履殷湯名也此

十九

伐桀告天文也殷家尚白未變夏禮故用玄牡也皇大也后君也大大君帝謂天帝也墨子引湯誓其辭若此也有罪不敢赦苞氏曰順天奉法有罪者不敢擅赦也帝臣不蔽簡在帝心言桀居帝臣之位也有罪過不可隱蔽已簡在天心也朕躬有罪無以万方万方有罪在朕躬孔安國曰無以万方万方不與也万方有罪我

身之過也周有大賚善人是富周周家也賚賜也言周家受天大賜富於善人也有亂臣十人是也雖有周親不如仁人孔安國曰親而不賢不忠則誅管蔡是也仁人箕子微子來則用也百姓有過在予一人

謹權量審法度修廢官四方之政

行焉苞氏曰權稱也量斗斛也興滅國繼絶世

舉逸民，天下之民歸心焉。所重民食喪祭，孔安國曰：重民，國之本也；重食，民之命也；重喪，所以盡哀也；重祭，所以致敬也。寬則得衆，敏則有功，公則民説。孔安國曰：言政教公平，則民説矣。凡此二帝三王所以治也，故傳以示後世也。

子張問政於孔子曰：何如斯可以從政矣？子曰：尊五

美屏四惡斯可以從政矣孔安國曰屏除也子張曰何謂五美子曰君子惠而不費勞而不怨欲而不貪泰而不驕威而不猛子張曰何謂惠而不費子曰因民之所利而利之斯不亦惠而不費乎王肅曰利民在政無費於財也

擇其可勞而勞之又誰怨欲仁而得仁又焉貪君子無衆寡無小大無敢慢（孔安國曰言君子不以寡小而慢也）斯不亦泰而不驕乎君子正其衣冠尊其瞻視儼然人望而畏之斯不亦威而不猛乎子張曰何謂四惡子曰

不教而殺謂之虐不戒視成謂之暴（馬融曰不宿戒而責目前成爲視成也）慢令致期謂之賊（孔安國曰與民無信而虛刻期也）猶之與人也出内之吝謂之有司（孔安國曰謂財物也俱當與人而吝嗇於出内惜難之此有司之任耳非人君之道也）

孔子曰不知命無以爲君子也

十二

孔安國曰命謂窮達之分也　不知禮無以立也

馬融曰聽言則別其是非也　不知言無以知人也

堺浦道祐居士重新命工鏤梓

正平甲辰五月吉日謹誌

論語卷第十　經一千二百二十三字　注一千一百七十五字

覆正平論語集解後序

右正平刊本論語集解十卷卷末跋云堺浦道祐居士重新命工鏤梓正平甲辰五月吉日謹誌案正平甲辰爲日本後村上天皇正平十九年當元順帝至正二十四年也市野光彦云道祐居士足利義氏之四子幼失父與其母居于堺浦遂薙染爲僧更名道祐據所云重新鏤梓則猶有原本可知驗其格式字體實出於古卷軸絕不與宋槧相涉其文字較之群書治要唐石經頗有異同間有與漢石經史漢說文所引合又多與陸氏釋文所稱一本合彼邦學者皆指爲六朝之遺並非唐初諸儒定本其語信不爲誣案日本國史云應神天皇十六年百濟博士王仁齎論語十卷皇太子就而受

之日本之有經典自是始即晉武帝太康六年也顧前代市舶罕載其流傳中土者唯錢遵王述古堂一通因得自朝鮮遂誤以爲朝鮮刊本蓋彼時未知正平爲日本年號也況其所得亦是影鈔逸人貫重鐫本並非原槧爾後展轉傳錄不無奪漏故陳仲魚阮文達諸人所校出者十不三四近世張金吾吳兎牀輩始有知此爲出自日本者然又不知幾經鈔胥愈失其真而此間所存舊本亦復落落如晨星又有無跋本界闌字形全同此本蓋後人劃去跋文其實同出一版也文化間江戶市野光彦以此本翻彫餉世惜梓人未良失原本古健之致又印行不多板亦旋燬今星使黎公訪得原刊本上木一點一畫模範逼真居

然六朝舊格非顯有訛誤不敢校改原集解單行之本宋人皆著于録有明一代唯閩監毛之注疏合刋本别無重翻集解宋本者永懷堂所刋亦從閩本出非别有所承之經注本也故我朝唯惠定宇得見相臺岳氏刋本至阮文達校注疏時並岳本不得見焉余得南宋刋本纂圖互注集解頗足訂注疏本之脱誤然亦不載諸家之名余以爲此不足深惜也觀邢氏疏集解序之語序云今集諸家之善記其姓名邢疏云注言包曰馬曰之類是也注但記其姓而此連言名者以著其姓所以名其人非謂名字之名也則知其所見唯存姓削名之本此本不知始於何時大抵長興刋布之本紊三國志注周生烈爲複姓今但稱周曰其不學可知及朱子作集注亦沿其例盡削所引諸家之名遂致明道伊川不分矣並不悟何氏原本皆全載姓名唯包氏不名以何氏諱咸故望文曲解何

殊郢書燕說乎逮及南宋朱子作集注亦謹引孟蜀石經及福州寫本論者頗惜其隘於旁徵不知其互勘無從也良由長興版本既行宋初遂頒布天下收向日民間寫本不用雖有舛誤無由參校此晁公武所由致嘅者夫邢氏所據旣如彼朱子所見又如此今之憖遺尚不足以議開成石經何論陸氏釋文以上則讀此本者直當置身於隋唐之間而與顏師古孔沖遠一輩人論議可也雖然流俗相習因仍已久自非援證鑿鑿何能以海外孤本服窮經者之心猶幸此邦故家之所藏弆名山之所沈霾往往有別本爲好事者物色以出其間縢文壞字得失參池固非

鴻都石渠難盡依據要其根源皆在邢氏見本以前好學深思之士或以徵舊聞或以解疑滯拾其一字莫非瓌寶以余披訪所及得目覩者亦三十餘通較之相臺之著沿革數猶過之岳氏參校諸本凡廿三通不可謂非千載一遇也乃彙集諸本校其異同使天下學者讀此一本並得兼采日本諸古鈔之長又使知彼此錯互之中有源流變遷之漸而此本之可憑邢本之妄刪昭若日月或亦通經學古者所不嗤乎光緒壬午十月廿八日宜都楊守敬記

覆正平《论语集解》后序简体标点释文

右正平刊本《论语集解》十卷，卷末跋云：「堺浦道祐［立华按：原跋作「祐」，下同。］居士重新命工镂梓。正平甲辰五月吉日谨志。」案：正平甲辰为日本后村上天皇正平十九年，当元顺帝至正二十四年也。（市野光彦云：道祐居士，足利义氏之四子，幼丧父，与其母居于堺浦，遂薙染为僧，更名道祐。）据所云重新镂梓，则犹有原本可知。验其格式、字体，实出于古卷轴，绝不与宋椠相涉。其文字较之《群书治要》、《唐石经》颇有异同，间有与《汉石经》、《史》、《汉》、《说文》所引合，又多与陆氏《释文》所称一本合。彼邦学者皆指为六朝之遗，并非唐初诸儒定本，其语信不为诬。（案：《日本国史》云：应神天皇十六年，百济博士王仁赍《论语》十卷，皇太子就而受之，日本之有经典自是始，即晋武帝太康六年也。）顾前代市舶罕载，其流传中土者，唯钱遵王述古堂一通，因得自朝鲜，遂误以为朝鲜刊本，盖彼时未知「正平」为日本年号也。况其所得亦是影钞逸人贯重镌本，并非原椠。尔后展转传录，不无夺漏。故陈仲鱼、阮文达诸人所校出者十不三、四。近世张金吾、吴兔床辈，始有知此为出自日本者，然又不知几经钞胥，愈失其真，而此间所存旧本亦复落落如晨星。（又有无跋本，界栏字形全同此本，盖后人剷去跋文，其实同出一版也。）文化间江户市野光彦，以此本翻雕饷世，惜梓人未良，失原本古健之致。又印行不多，板亦旋毁。今星使黎公访得原刊本上木，一点一画，模范逼真，居然六朝旧格。非显有讹误，不敢校改。原《集解》单行之本，宋人皆著于录。有明一代，唯闽监、毛之注疏合刊本，别无重翻《集解》宋本者。（永怀堂所刊，亦从闽本出，非别有所承之经注本也。）故我朝唯惠定宇得见相台岳氏刊本，至阮文达校《注疏》时，并岳本不得见焉。（余得南宋刊本《纂图互注集解》，颇足订注疏本之脱误，然亦不载诸家之名。）余以为此不足深惜也。观邢氏疏《集解·序》之语，（序云：今集诸家之善，记其姓名。邢疏云：注言包曰、马曰之类是也。注但记其姓，而此连言名者，以著其姓所以名其人，非谓名字之名也。）则知其所见唯存姓削名之本，（此本不知始于何时，大抵长兴刊布之本。案《三国志》注「周生烈「为复姓，今但称「周曰」，其不学可知。及朱子作《集注》，亦沿其例，尽削所引诸家之名，遂致明道、伊川不分矣。）并不悟何氏，原本皆全载姓名，（唯包氏不名，以何氏讳咸故。）望文曲解，何殊郢书燕说乎？逮及南宋朱子作《集注》，亦谨引《孟蜀石经》及福州写本，论者颇惜其隘于旁征，不知其互勘无从也。良由长兴版本既行，宋初遂颁布天下，收向日民间写本不用，虽有舛误，与由参校，此晁公武所由致慨者。夫邢氏所据既如彼，朱子所见又如此，今之憖遗，尚不足以证《开成石经》，何论陆氏《释文》以上？则读此本者直当置身于隋、唐之间，而与颜师古、孔冲远一辈人论议可也。虽然流俗相习，因仍已久，自非众证凿凿，何能以海外孤本服穷经者之心？犹幸此邦故家之所藏弆，名山之所沉霾，往往有别本为好事者物色以出，其间賸文坏字，得失参池，固非鸿都、石渠，难尽依据，要其根源皆在邢氏见本以前。好学深思之士，或以征旧闻，或以解疑滞，拾其一字，莫非瑰宝。以余披访所及得目睹者，亦三十余通，较之相台之著《沿革》数犹过之。（岳氏参校诸本凡廿三通。）不可谓非千载一遇也。乃汇集诸本，校其异同，使天下学者读此一本，并得兼采日本诸古钞之长，又使知彼此错互之中，有源流变迁之渐，而此本之可凭，邢本之妄删，昭若日月，或亦通经学古者所不嗤乎。光绪壬午十月廿八日，宜都杨守敬记。

論語集解十二卷 正平甲辰刻本

跋云堺浦道祐居士重新命工鏤梓正平甲辰五月吉日謹志攷道祐者足利左馬頭義氏朝臣第四子名祐氏幼失父隨母居泉州大鳥後歸釋氏改名道祐爲堺浦西本願寺别院祖事見泉州志又有影刻此本者跋云學古神德楷法日下逸人貫書此本藏在屋代弘賢所又有一本删去正平跋文者板今尚在日本橋千鐘房書肆又有明應板本亦摸刻此本者删去正平跋文撰以明應巳未西周乎武道敬重刋記 按正平甲辰元順帝至正二十四年明應巳未明弘治十二年也

讀書敏求記

何晏論語集解十卷

童年讀史記孔子世家引子貢曰夫子之文章可得聞也
夫子之言天道與性命弗可得聞也已又讀漢書列傳四
十三卷贊引子貢云夫子之言性與天道不可得而聞已
矣竊疑古文論語與今本少異然亦無從究辨也後得高
麗鈔本何晏論語集解檢閱此卷與漢書傳贊適合因
思子貢當日寓嗟歎意于不可得聞中同顏子之如有
所立卓爾故以已矣傳言外微旨若脫此二字便作了語
殊無低徊未忍已之情矣他如與朋友交言而不信乎等句
俱應從高麗本為是此書乃遼海道蕭公諱應宮監軍
朝鮮時所得甲午初夏予以重價購之于公之仍孫不啻
獲一珍珠船也筆畫奇古如六朝初唐人隸書碑版居然
東國舊鈔行間所注字中華罕有識之者洵為書庫中

奇本末二行云堺浦道祐居士重新命工鏤梓正平甲辰五月吉日謹誌未知正平是朝鮮何時年號俟續攷之蕭公幼時與吾曾祖侍御秀峰公同居邑之西鄉每相約入城歸時對坐殿橋上攜象戲下三四局起望城中而歎曰如魚鱗他時何地受一廛著我兩人耶後竟各遂其志蕭居城東吾祖居城西高門梓楔衡宇相望未及百年而蕭氏式微吾祖後蘭錡依然風流未艾循覽此書回環祖德子孫其念之哉子孫其敬之哉按正平係日本後村上天皇年號

《经籍访古志》简体标点释文

《论语集解》十二卷，正平甲辰刻本。

跋云：「堺浦道祐居士重新命工镂梓。正平甲辰五月吉日谨志。」考道祐者，足利左马头义氏朝臣第四子，名祐氏，幼失父，随母居泉州大鸟，后归释氏，改名道祐，为堺浦西本愿寺别院祖事。见《泉州志》。又有影刻此本者，跋云：学古神德，楷法日下，逸人贯书此本，藏在屋代弘贤所。又有一本删去正平跋文者，板今尚在日本桥千钟房书肆。又有明应板本，亦模刻此本者，删去正平跋文，撰以明应己未西周平武道敬重刊记。（按：正平甲辰，元顺帝至正二十四年。明应己未，明应治十二年也。）

《读书敏求记》

何晏《论语集解》十卷。

童年读《史记·孔子世家》，引子贡曰：「夫子之文章可得闻也？夫子之言，天道与性命弗可得闻也。」已又读《汉书》列传四十三卷赞引子贡云：「夫子之言，性与天道不可得而闻已矣。」窃疑古文《论语》与今本少异，然亦与无从究辨也。后得高丽钞本何晏《论语集解》，检阅此卷，与《汉书》传赞适合，因思子贡当日寓嗟叹意于不可得闻中，同颜子之如有所立卓尔，故以已矣。传言外微旨，若脱此二字，便作了语，殊无低徊，未忍已之情矣。他如「与朋友交言而不信乎」等句，俱应从高丽本为是。此书乃辽海道萧公讳应宫监军朝鲜时所得，甲午初夏，予以重价购之于公之仍孙，不啻获一珍珠船也。笔画奇古，如六朝、初唐人隶书碑版，居然东国旧钞，行间所注字，中华罕有识之者，洵为书库中奇本。末二行云：「界浦道祐居士重新命工镂梓。正平甲辰五月吉日谨志。」未知「正平」是朝鲜何时年号，俟续考之。萧公幼时，与吾曾祖侍御秀峰公同居邑之西乡，每相约入城，归时对坐殿桥上，携象戏下三四局。起望城中，而叹瓦如鱼鳞，他时何地受一廛著我两人耶？后竟各遂其志，萧居城东，吾祖居城西。高门棹楔，衡宇相望。未及百年而萧氏式微，吾祖后亖碕依然风流未艾。循览此书，回环祖德，子孙其念之哉，子孙其敬之哉！（按：「正平」系日本后村上天皇年号。）

《論語》簡體標點

【清】阮元校刻本

论语序

叙曰：汉中垒校尉刘向言：「鲁《论语》二十篇，皆孔子弟子记诸善言也。」太子太傅夏侯胜、前将军萧望之、丞相韦贤及子玄成等传之。齐《论语》二十二篇，其二十篇中章句颇多于鲁《论》。琅琊王卿及胶东庸生、昌邑中尉王吉皆以教之。故有鲁《论》，有齐《论》。鲁恭王时，尝欲以孔子宅为宫，坏得古文《论语》。齐《论》有《问王》、《知道》，多于鲁《论》二篇，古《论》亦无此二篇。分《尧曰》下章「子张问」以为一篇，有两《子张》，凡二十一篇，篇次不与齐、鲁《论》同。安昌侯张禹，本受鲁《论》，兼讲《齐》说，善从之，号曰「张侯《论》」，为世所贵。苞（当做「包」）氏、周氏《章句》出焉。古《论》唯博士孔安国为之训说而世不传。至顺帝时，南郡太守马融亦为之训说。汉末太司农郑玄，就鲁《论》篇章考之《齐》、《古》，以为之注。近故司空陈群、太常王肃、博士周生烈皆为义说。前世传受师说，虽有异同，不为训解。中间为之训解，至于今多矣。所见不同，互有得失。今集诸家之善说，记其姓名，有不安者颇为改易，名曰《论语集解》。光禄大夫关内侯臣孙邕、光禄大夫臣郑冲、散骑常侍中领军安乡亭侯臣曹羲、侍中臣荀顗、尚书驸马都尉关内侯臣何晏等上。

论语学而第一

子曰：「学而时习之，不亦说乎？有朋自远方来，不亦乐乎？人不知，而不愠，不亦君子乎？」

有子曰：「其为人也孝弟，而好犯上者，鲜矣；不好犯上，而好作乱者，未之有也。君子务本，本立而道生。孝弟也者，其为仁之本与！」子曰：「巧言令色，鲜矣仁！」

曾子曰：「吾日三省吾身：为人谋而不忠乎？与朋友交而不信乎？传不习乎？」子曰：「道千乘之国，敬事而信，节用而爱人，使民以时。」

子曰：「弟子入则孝，出则弟，谨而信，泛爱众，而亲仁。行有余力，则以学文。」

子夏曰：「贤贤易色；事父母，能竭其力，事君，能致其身；与朋友交，言而有信。虽曰未学，吾必谓之学矣。」

子曰：「君子不重，则不威。学则不固。主忠信。无友不如己者。过则勿惮改。」曾子曰：「慎终追远，民德归厚矣。」

子禽问于子贡曰：「夫子至于是邦也，必闻其政。求之与？抑与之与？」子贡曰：「夫子温、良、恭、俭、让以得之。夫子之求之也，其诸异乎人之求之与？」

子曰：「父在，观其志；父没，观其行；三年无改于父之道，可谓孝矣。」

有子曰：「礼之用，和为贵。先王之道斯为美，小大由之。有所不行，知和而和，不以礼节之，亦不可行也。」

有子曰：「信近于义，言可复也。恭近于礼，远耻辱也。因不失其亲，亦可宗也。」

子曰：「君子食无求饱，居无求安，敏于事而慎于言，就有道而正焉，可谓好学也已。」

子贡曰：「贫而无谄，富而无骄，何如？」子曰：「可也。未若贫而乐，富而好礼者也。」

子贡曰：「《诗》云『如切如磋，如琢如磨』，其斯之谓与？」子曰：「赐也，始可与言《诗》已矣。告诸往而知来者。」

子曰：「不患人之不己知，患不知人也。」

论语为政第二

子曰：「为政以德，譬如北辰，居其所而众星共之。」子曰：「《诗》三百，一言以蔽之，曰：『思无邪。』」

子曰：「道之以政，齐之以刑，民免而无耻。道之以德，齐之以礼，有耻且格。」

子曰：「吾十有五而志于学，三十而立，四十而不惑，五十而知天命，六十而耳顺，七十而从心所欲，不逾矩。」孟懿子问孝。子曰：「无违。」

樊迟御。子告之曰：「孟孙问孝于我，我对曰，无违。」樊迟曰：「何谓也？」子曰：「生，事之以礼；死，葬之以礼，祭之以礼。」孟武伯问孝。子曰：「父母唯其疾之忧。」

子游问孝。子曰：「今之孝者，是谓能养。至于犬马，皆能有养。不敬，何以别乎？」

子夏问孝。子曰：「色难。有事，弟子服其劳；有酒食，先生馔，曾是以为孝乎？」

子曰：「吾与回言终日，不违，如愚。退而省其私，亦足以发，回也，不愚。」

子曰：「视其所以，观其所由，察其所安，人焉廋哉？人焉廋哉？」子曰：「温故而知新，可以为师矣。」子曰：「君子不器。」子贡问君子。子曰：「先行其言，而后从之。」

子曰：「君子周而不比，小人比而不周。」子曰：「学而不思则罔，思而不学则殆。」子曰：「攻乎异端，斯害也已。」

子曰：「由，海女知之乎？知之为知之，不知为不知，是知也！」

子张学干禄。子曰：「多闻阙疑，慎言其余，则寡尤；多见阙殆，慎行其余，则寡悔。言寡尤，行寡悔，禄在其中矣。」

哀公问曰：「何为则民服？」孔子对曰：「举直错诸枉，则民服；举枉错诸直，则民不服。」

季康子问：「使民敬忠以劝，如之何？」子曰：「临之以庄，则敬；孝慈，则忠；举善而教不能，则劝。」

或谓孔子曰：「子奚不为政？」子曰：「《书》云：『孝乎惟孝，友于兄弟，施于有政。』是亦为政，奚其为为政？」

子曰：「人而无信，不知其可也。大车无輗，小车无軏，其何以行之哉？」

子张问：「十世可知也？」子曰：「殷因于夏礼，所损益，可知也；周因于殷礼，所损益，可知也；其或继周者，虽百世，可知也。」

子曰：「非其鬼而祭之，谄也。见义不为，无勇也。」

论语八佾第三

孔子谓季氏：「八佾舞于庭，是可忍也，孰不可忍也？」

三家者，以《雍》彻。子曰：「『相维辟公，天子穆穆』，奚取于三家之堂？」子曰：「人而不仁，如礼何？人而不仁，如乐何？」

林放问礼之本。子曰：「大哉问！礼，与其奢也，宁俭；丧，与其易也，宁戚。」子曰：「夷狄之有君，不如诸夏之亡也。」

季氏旅于泰山。子谓冉有曰：「女弗能救与？」对曰：「不能。」子曰：「呜呼！曾谓泰山，不如林放乎？」

子曰：「君子无所争，必也射乎！揖让而升，下而饮。其争也君子。」

子夏问曰：「『巧笑倩兮，美目盼兮，素以为绚兮。』何谓也？」子曰：「绘事后素。」曰：「礼后乎？」子曰：「起予者商也，始可与言《诗》已矣。」

子曰：「夏礼，吾能言之，杞不足征也；殷礼，吾能言之，宋不足征也。文献不足故也。足，则吾能征之矣。」子曰：「禘自既灌而往者，吾不欲观之矣。」

或问禘之说。子曰：「不知也。知其说者之于天下也，其如示诸斯乎！」指其掌。祭如在，祭神如神在。子曰：「吾不与祭，如不祭。」

王孙贾问曰：「与其媚于奥，宁媚于灶，何谓也？」子曰：「不然！获罪于天，无所祷也。」子曰：「周监于二代，郁郁乎文哉！吾从周。」

子入太庙，每事问。或曰：「孰谓鄹人之子知礼乎？入太庙，每事问。」子闻之，曰：「是礼也。」子曰：「射不主皮，为力不同科，古之道也。」

子贡欲去告朔之饩羊。子曰：「赐也！尔爱其羊，我爱其礼。」子曰：「事君尽礼，人以为谄也。」

定公问：「君使臣，臣事君，如之何？」孔子对曰：「君使臣以礼，臣事君以忠。」子曰：「《关雎》，乐而不淫，哀而不伤。」

哀公问社于宰我。宰我对曰：「夏后氏以松，殷人以柏，周人以栗，曰：『使民战栗。』」子闻之曰：「成事不说，遂事不谏，既往不咎。」子曰：「管仲之器小哉！」

或曰：「管仲俭乎？」曰：「管氏有三归，官事不摄，焉得俭？」「然则管仲知礼乎？」曰：「邦君树塞门，管氏亦树塞门。邦君为两君之好，有反坫，管氏亦有反坫。管氏而知礼，孰不知礼？」

子语鲁大师乐，曰：「乐其可知也：始作，翕如也；从之，纯如也，皦如也，绎如也，以成。」

仪封人请见，曰：「君子之至于斯也，吾未尝不得见也。」从者见之。出曰：「二三子何患于丧乎？天下之无道也久矣，天将以夫子为木铎。」

子谓《韶》：「尽美矣，又尽善也。」谓《武》：「尽美矣，未尽善也。」

子曰：「居上不宽，为礼不敬，临丧不哀，吾何以观之哉？」

论语里仁第四

子曰：「里仁为美。择不处仁，焉得知？」

子曰：「不仁者不可以久处约，不可以长处乐。仁者安仁，知者利仁。」子曰：「唯仁者能好人，能恶人。」子曰：「苟志于仁矣，无恶也。」

子曰：「富与贵，是人之所欲也；不以其道得之，不处也。贫与贱，是人之所恶也；不以其道得之，不去也。君子去仁，恶乎成名？君子无终食之间违仁，造次必于是，颠沛必于是。」

子曰：「我未见好仁者，恶不仁者。好仁者，无以尚之；恶不仁者，其为仁矣，不使不仁者加乎其身。有能一日用其力于仁矣乎？我未见力不足者。盖有之矣，我未之见也。」

子曰：「人之过也，各于其党。观过，斯知仁矣。」子曰：「朝闻道，夕死可矣。」子曰：「士志于道，而耻恶衣恶食者，未足与议也。」子曰：「君子之于天下也，无适也，无莫也，义之与比。」

子曰：「君子怀德，小人怀土；君子怀刑，小人怀惠。」子曰：「放于利而行，多怨。」子曰：「能以礼让为国乎？何有！

不能以礼让为国，如礼何？」

子曰：「不患无位，患所以立；不患莫己知，求为可知也。」

子曰：「参乎！吾道一以贯之。」曾子曰：「唯。」子出，门人问曰：「何谓也？」曾子曰：「夫子之道，忠恕而已矣！」

子曰：「君子喻于义，小人喻于利。」

子曰：「见贤思齐焉，见不贤而内自省也。」子曰：「事父母几谏，见志不从，又敬不违，劳而不怨。」子曰：「父母在，不远游，游必有方。」子曰：「三年无改于父之道，可谓孝矣。」

子曰：「父母之年，不可不知也。一则以喜，一则以惧。」子曰：「古者言之不出，耻躬之不逮也。」子曰：「以约失之者鲜矣！」

子曰：「君子欲讷于言而敏于行。」

子曰：「德不孤，必有邻。」

子游曰：「事君数，斯辱矣；朋友数，斯疏矣。」

论语公冶长第五

子谓公冶长：「可妻也，虽在缧绁之中，非其罪也！」以其子妻之。

子谓南容：「邦有道，不废，邦无道，免于刑戮。」以其兄之子妻之。子谓子贱：「君子哉若人！鲁无君子者，斯焉取斯？」

子贡问曰：「赐也何如？」子曰：「女，器也。」

曰：「何器也？」曰：「瑚琏也。」

或曰：「雍也仁而不佞。」子曰：「焉用佞？御人以口给，屡憎于人。不知其仁，焉用佞？」子使漆雕开仕。对曰：「吾斯之未能信。」子说。

子曰：「道不行，乘桴浮于海。从我者，其由与？」子路闻之喜。子曰：「由也好勇过我，无所取材。」

孟武伯问：「子路仁乎？」子曰：「不知也。」又问。子曰：「由也，千乘之国，可使治其赋也，不知其仁也。」「求也何如？」子曰：「求也，千室之邑，百乘之家，可使为之宰也，不知其仁也。」

「赤也何如？」子曰：「赤也，束带立于朝，可使与宾客言也，不知其仁也。」

子谓子贡曰：「女与回也孰愈？」对曰：「赐也何敢望回？回也闻一以知十，赐也闻一以知二。」子曰：「弗如也。吾与女弗知也。」

宰予昼寝。子曰：「朽木不可雕也，粪土之墙，不可杇也；于予与何诛？」子曰：「始吾于人也，听其言而信其行；今吾于人也，听其言而观其行。于予与改是。」

子曰：「吾未见刚者。」或对曰：「申枨。」子曰：「枨也欲，焉得刚。」

子贡曰：「我不欲人之加诸我也，吾亦欲无加诸人。」子曰：「赐也，非尔所及也。」

子贡曰：「夫子之文章，可得而闻也；夫子之言性与天道，不可得而闻也。」子路有闻，未之能行，唯恐有闻。

子贡问曰：「孔文子何以谓之『文』也？」子曰：「敏而好学，不耻下问，是以谓之『文』也。」

子谓子产：「有君子之道四焉：其行己也恭，其事上也敬，其养民也惠，其使民也义。」子曰：「晏平仲善与人交，久而敬之。」

子曰：「臧文仲居蔡，山节藻棁，何如其知也。」

子张问曰：「令尹子文三仕为令尹，无喜色；三已之，无愠色。旧令尹之政，必以告新令尹。何如？」子曰：「忠矣。」曰：「仁矣乎？」曰：「未知，焉得仁？」「崔子弑齐君，陈文子有马十乘，弃而违之。至于他邦，则曰：『犹吾大夫崔子也。』违之。之一邦，则又曰：『犹吾大夫崔子也。』违之。何如？」子曰：「清矣。」曰：「仁矣乎？」曰：「未知，焉得仁？」

季文子三思而后行。子闻之曰：「再，斯可矣。」

子曰：「宁武子，邦有道，则知；邦无道，则愚。其知可及也，其愚不可及也。」

子在陈，曰：「归与！归与！吾党之小子狂简，斐然成章，不知所以裁之。」子曰：「伯夷、叔齐，不念旧恶，怨是用希。」子曰：「孰谓微生高直？或乞醯焉，乞诸其邻而与之。」

子曰：「巧言，令色，足恭，左丘明耻之，丘亦耻之。匿怨而友其人，左丘明耻之，丘亦耻之。」颜渊、季路侍。子曰：「盍各言尔志。」子路曰：「愿车马衣轻裘，与朋友共，敝之而无憾。」

颜渊曰：「愿无伐善，无施劳。」

子路曰：「愿闻子之志。」子曰：「老者安之，朋友信之，少者怀之。」子曰：「已矣乎，吾未见能见其过而内自讼者也。」

子曰：「十室之邑，必有忠信如丘者焉，不如丘之好学也。」

论语雍也第六

子曰：「雍也，可使南面。」仲弓问子桑伯子。子曰：「可也，简。」

仲弓曰：「居敬而行简，以临其民，不亦可乎？居简而行简，无乃大简乎？」子曰：「雍之言然！」

哀公问：「弟子孰为好学？」孔子对曰：「有颜回者好学，不迁怒，不贰过。不幸短命死矣。今也则亡，未闻好学者也。」

子华使于齐，冉子为其母请粟。子曰：「与之釜。」请益。曰：「与之庾。」冉子与之粟五秉。

子曰：「赤之适齐也，乘肥马，衣轻裘。吾闻之也：君子周急不继富。」

原思为之宰，与之粟九百，辞。子曰：「毋！以与尔邻里乡党乎。」子谓仲弓曰：「犁牛之子骍且角。虽欲勿用，山川其舍诸？」

子曰：「回也，其心三月不违仁，其余则日月至焉而已矣。」

季康子问：「仲由可使从政也与？」子曰：「由也果，于从政乎何有？」曰：「赐也可使从政也与？」曰：「赐也达，于从政乎何有？」曰：「求也可使从政也与？」曰：「求也艺，于从政乎何有？」

季氏使闵子骞为费宰。闵子骞曰：「善为我辞焉！如有复我者，则吾必在汶上矣。」

伯牛有疾，子问之，自牖执其手，曰：「亡之，命矣夫！斯人也而有斯疾也！斯人也而有斯疾也！」

子曰：「贤哉回也！一箪食，一瓢饮，在陋巷，人不堪其忧，回也不改其乐。贤哉回也！」

冉求曰：「非不说子之道，力不足也。」子曰：「力不足者，中道而废，今女画。」子谓子夏曰：「女为君子儒，无为小人儒。」

子游为武城宰。子曰：「女得人焉耳乎？」曰：「有澹台灭明者，行不由径，非公事，未尝至于偃之室也。」

子曰：「孟之反不伐，奔而殿，将入门，策其马，曰：『非敢后也，马不进也。』」

子曰：「不有祝鮀之佞，而有宋朝之美，难乎免于今之世矣。」子曰：「谁能出不由户？何莫由斯道也？」子曰：「质胜文则野，文胜质则史。文质彬彬，然后君子。」

子曰：「人之生也直，罔之生也幸而免。」子曰：「知之者，不如好之者；好之者，不如乐之者。」子曰：「中人以上，可以语上也；中人以下，不可以语上也。」

樊迟问知。子曰：「务民之义，敬鬼神而远之，可谓知矣。」问仁。曰：「仁者先难而后获，可谓仁矣。」

子曰：「知者乐水，仁者乐山；知者动，仁者静；知者乐，仁者寿。」子曰：「齐一变，至于鲁；鲁一变，至于道。」子曰：「觚不觚，觚哉！觚哉！」

宰我问曰：「仁者，虽告之曰：『井有仁焉。』其从之也？」子曰：「何为其然也？君子可逝也，不可陷也；可欺也，不可罔也。」子曰：「君子博学于文，约之以礼，亦可以弗畔矣夫！」

子见南子，子路不说。夫子矢之曰：「予所否者，天厌之！天厌之！」子曰：「中庸之为德也，其至矣乎！民鲜久矣。」

子贡曰：「如有博施于民而能济众，何如？可谓仁乎？」子曰：「何事于仁，必也圣乎！尧、舜其犹病诸！夫仁者，己欲立而立人；己欲达而达人。能近取譬，可谓仁之方也已。」

论语述而第七

子曰：「述而不作，信而好古，窃比于我老彭。」子曰：「默而识之，学而不厌，诲人不倦，何有于我哉？」

子曰：「德之不修，学之不讲，闻义不能徙，不善不能改，是吾忧也。」子之燕居，申申如也，夭夭如也。子曰：「甚矣吾衰也！久矣吾不复梦见周公！」

子曰：「志于道，据于德，依于仁，游于艺。」子曰：「自行束脩以上，吾未尝无诲焉。」

子曰：「不愤不启，不悱不发，举一隅不以三隅反，则不复也。」子食于有丧者之侧，未尝饱也。于是日哭，则不歌。

子谓颜渊曰：「用之则行，舍之则藏，唯我与尔有是夫！」

子路曰：「子行三军，则谁与？」

子曰：「暴虎冯河，死而无悔者，吾不与也。必也临事而惧，好谋而成者也。」

子曰：「富而可求也，虽执鞭之士，吾亦为之。如不可求，从吾所好。」子之所慎：齐，战，疾。

子在齐，闻《韶》，三月不知肉味，曰：「不图为乐之至于斯也！」

冉有曰：「夫子为卫君乎？」子贡曰：「诺，吾将问之。」入，曰：「伯夷、叔齐何人也？」曰：「古之贤人也。」曰：「怨乎？」曰：「求仁而得仁，又何怨？」出，曰：「夫子不为也。」

子曰：「饭疏食，饮水，曲肱而枕之，乐亦在其中矣。不义而富且贵，于我如浮云。」子曰：「加我数年，五十以学《易》，可以无大过矣。」子所雅言，《诗》、《书》、执礼，皆雅言也。

叶公问孔子于子路，子路不对。子曰：「女奚不曰，其为人也，发愤忘食，乐以忘忧，不知老之将至云尔。」子曰：「我非生而知之者，好古，敏以求之者也。」

子不语怪、力、乱、神。

子曰：「三人行，必有我师焉：择其善者而从之，其不善者而改之。」子曰：「天生德于予，桓魋其如予何！」

子曰：「二三子以我为隐乎？吾无隐乎尔。吾无行而不与二三子者，是丘也。」子以四教：文，行，忠，信。子曰：「圣人吾不得而见之矣；得见君子者，斯可矣。」

子曰：「善人吾不得而见之矣；得见有恒者，斯可矣。亡而为有，虚而为盈，约而为泰，难乎有恒矣。」子钓而不纲，弋不射宿。

子曰：「盖有不知而作之者，我无是也。多闻，择其善者而从之；多见而识之；知之次也。」

互乡难与言，童子见，门人惑。子曰：「与其进也，不与其退也，唯何甚？人洁己以进，与其洁也，不保其往也。」子曰：「仁远乎哉？我欲仁，斯仁至矣。」

陈司败问：「昭公知礼乎？」孔子曰：「知礼。」

孔子退，揖巫马期而进之，曰：「吾闻君子不党，君子亦党乎？君取于吴，为同姓，谓之吴孟子。君而知礼，孰不知礼？」巫马期以告。子曰：「丘也幸，苟有过，人必知之。」

子与人歌而善，必使反之，而后和之。子曰：「文，莫吾犹人也，躬行君子，则吾未之有得。」

子曰：「若圣与仁，则吾岂敢。抑为之不厌，诲人不倦，则可谓云尔已矣。」公西华曰：「正唯弟子不能学也。」

子疾病，子路请祷。子曰：「有诸？」子路对曰：「有之。诔曰：『祷尔于上下神祇。』」子曰：「丘之祷久矣。」子曰：「奢则不孙，俭则固。与其不孙也，宁固。」

子曰：「君子坦荡荡，小人长戚戚。」

子温而厉，威而不猛，恭而安。

论语泰伯第八

子曰：「泰伯，其可谓至德也已矣。三以天下让，民无得而称焉。」

子曰：「恭而无礼则劳，慎而无礼则葸，勇而无礼则乱，直而无礼则绞。君子笃于亲，则民兴于仁；故旧不遗，则民不偷。」

曾子有疾，召门弟子曰：「启予足！启予手！《诗》云：『战战兢兢，如临深渊，如履薄冰。』而今而后，吾知免夫！小子！」

曾子有疾，孟敬子问之。曾子言曰：「鸟之将死，其鸣也哀；人之将死，其言也善。君子所贵乎道者三：动容貌，斯远暴慢矣；正颜色，斯近信矣；出辞气，斯远鄙倍矣。笾豆之事，则有司存。」

曾子曰：「以能问于不能，以多问于寡；有若无，实若虚，犯而不校，昔者吾友尝从事于斯矣。」

曾子曰：「可以托六尺之孤，可以寄百里之命，临大节而不可夺也，君子人与？君子人也！」

曾子曰：「士不可以不弘毅，任重而道远。仁以为己任，不亦重乎？死而后已，不亦远乎？」子曰：「兴于诗，立于礼，成于乐。」子曰：「民可使由之，不可使知之。」

子曰：「好勇疾贫，乱也；人而不仁，疾之已甚，乱也。」子曰：「如有周公之才之美，使骄且吝，其余不足观也已。」

子曰：「三年学，不至于谷，不易得也。」

子曰：「笃信好学，守死善道。危邦不入，乱邦不居。天下有道则见，无道则隐。邦有道，贫且贱焉，耻也；邦无道，富且贵焉，耻也。」子曰：「不在其位，不谋其政。」

子曰：「师挚之始，《关雎》之乱，洋洋乎盈耳哉！」子曰：「狂而不直，侗而不愿，悾悾而不信，吾不知之矣。」子曰：「学如不及，犹恐失之。」

子曰：「巍巍乎，舜、禹之有天下也，而不与焉！」

子曰：「大哉，尧之为君也！巍巍乎！唯天为大，唯尧则之，荡荡乎，民无能名焉。巍巍乎其有成功也，焕乎其有文章！」

舜有臣五人而天下治。武王曰：「予有乱臣十人。」孔子曰：「才难，不其然乎？唐虞之际，于斯为盛。有妇人焉，九人而已。三分天下有其二，以服事殷。周之德，其可谓至德也已矣。」

子曰：「禹，吾无间然矣。菲饮食，而致孝乎鬼神；恶衣服，而致美乎黻冕；卑宫室，而尽力乎沟洫。禹，吾无间然矣。」

论语子罕第九

子罕言利与命与仁。

达巷党人曰：「大哉孔子，博学而无所成名。」子闻之，谓门弟子曰：「吾何执？执御乎，执射乎？吾执御矣。」

子曰：「麻冕，礼也；今也纯，俭，吾从众。拜下，礼也；今拜乎上，泰也。虽违众，吾从下。」子绝四：毋意，毋必，毋固，毋我。

子畏于匡，曰：「文王既没，文不在兹乎？天之将丧斯文也，后死者不得与于斯文也；天之未丧斯文也，匡人其如予何？」

太宰问于子贡曰：「夫子圣者与？何其多能也？」子贡曰：「固天纵之将圣，又多能也。」

子闻之，曰：「太宰知我乎！吾少也贱，故多能鄙事。君子多乎哉？不多也！」牢曰：「子云：『吾不试，故艺。』」

子曰：「吾有知乎哉？无知也。有鄙夫问于我，空空如也。我叩其两端而竭焉。」子曰：「凤鸟不至，河不出图，吾已矣夫！」

子见齐衰者、冕衣裳者与瞽者，见之，虽少，必作；过之，必趋。

颜渊喟然叹曰：「仰之弥高，钻之弥坚。瞻之在前，忽焉在后。夫子循循然善诱人，博我以文，约我以礼，欲罢不能。既竭吾才，如有所立卓尔，虽欲从之，末由也已。」

子疾病，子路使门人为臣。病间，曰：「久矣哉，由之行诈也！无臣而为有臣。吾谁欺，欺天乎？且予与其死于臣之手也，无宁死于二三子之手乎！且予纵不得大葬，予死于道路乎？」

子贡曰：「有美玉于斯，韫椟而藏诸？求善贾而沽诸？」子曰：「沽之哉！沽之哉！我待贾者也。」

子欲居九夷。或曰：「陋，如之何？」子曰：「君子居之，何陋之有？」子曰：「吾自卫反鲁，然后乐正，《雅》、《颂》各得其所。」

子曰：「出则事公卿，入则事父兄，丧事不敢不勉，不为酒困，何有于我哉。」子在川上曰：「逝者如斯夫，不舍昼夜！」

子曰：「吾未见好德如好色者也。」

子曰：「譬如为山，未成一篑，止，吾止也。譬如平地，虽覆一篑，进，吾往也。」子曰：「语之而不惰者，其回也与。」

子谓颜渊曰：「惜乎！吾见其进也，未见其止也！」

子曰：「苗而不秀者有矣夫！秀而不实者有矣夫！」

子曰：「后生可畏，焉知来者之不如今也？四十、五十而无闻焉，斯亦不足畏也已。」

子曰：「法语之言，能无从乎？改之为贵。巽与之言，能无说乎？绎之为贵。说而不绎，从而不改，吾末如之何也已矣。」

子曰：「主忠信，毋友不如己者，过则勿惮改。」

子曰：「三军可夺帅也，匹夫不可夺志也。」

子曰：「衣敝缊袍，与衣狐貉者立，而不耻者，其由也与。『不忮不求，何用不臧？』」子路终身诵之。子曰：「是道也，何足以臧？」子曰：「岁寒，然后知松柏之后凋也！」

子曰：「知者不惑，仁者不忧，勇者不惧。」

子曰：「可与共学，未可与适道；可与适道，未可与立；可与立，未可与权。」

「唐棣之华，偏其反而。岂不尔思？室是远而。」子曰：「未之思也，夫何远之有。」

论语乡党第十

孔子于乡党，恂恂如也，似不能言者。其在宗庙朝廷，便便言，唯谨尔。

朝，与下大夫言，侃侃如也；与上大夫言，訚訚如也。君在，踧踖如也，与与如也。

君召使摈，色勃如也，足躩如也。揖所与立，左右手，衣前后，襜如也。趋进，翼如也。宾退，必复命曰：「宾不顾矣。」

入公门，鞠躬如也，如不容。立不中门，行不履阈。过位，色勃如也，足躩如也，其言似不足者。摄齐升堂，鞠躬如也，屏气似不息者。出，降一等，逞颜色，怡怡如也。没阶趋，翼如也。复其位，踧踖如也。

执圭，鞠躬如也，如不胜。上如揖，下如授。勃如战色，足蹜蹜如有循。享礼，有容色。私觌，愉愉如也。

君子不以绀緅饰，红紫不以为亵服。当暑，袗絺绤，必表而出之。缁衣，羔裘；素衣，麑裘；黄衣，狐裘。亵裘长，短右袂。必有寝衣，长一身有半。狐貉之厚以居。去丧，无所不佩。非帷裳，必杀之。羔裘玄冠不以吊。吉月，必朝服而朝。

齐，必有明衣，布。齐必变食，居必迁坐。

食不厌精，脍不厌细。食饐而餲，鱼馁而肉败，不食。色恶，不食。臭恶，不食。失饪，不食。不时，不食。割不正，不食。不得其酱，不食。

肉虽多，不使胜食气。唯酒无量，不及乱。沽酒市脯不食。不撤姜食，不多食。祭于公，不宿肉。祭肉不出三日。出三日，不食之矣。

食不语，寝不言。虽疏食菜羹，瓜祭，必齐如也。席不正，不坐。乡人饮酒，杖者出，斯出矣。乡人傩，朝服而立于阼阶。问人于他邦，再拜而送之。

康子馈药，拜而受之。曰：「丘未达，不敢尝。」厩焚。子退朝，曰：「伤人乎？」不问马。

君赐食，必正席先尝之；君赐腥，必熟而荐之；君赐生，必畜之。侍食于君，君祭，先饭。疾，君视之，东首，加朝服，拖绅。君命召，不俟驾行矣。入太庙，每事问。

朋友死，无所归，曰：「于我殡。」朋友之馈，虽车马，非祭肉，不拜。寝不尸，居不容。

见齐衰者，虽狎，必变。见冕者与瞽者，虽亵，必以貌。凶服者式之，式负版者。有盛馔，必变色而作。迅雷风烈必变。升车，必正立执绥。车中不内顾，不疾言，不亲指。

色斯举矣，翔而后集。曰：「山梁雌雉，时哉时哉！」子路共之，三嗅而作。

论语先进第十一

子曰：「先进于礼乐，野人也；后进于礼乐，君子也。如用之，则吾从先进。」子曰：「从我于陈、蔡者，皆不及门也。」

德行：颜渊、闵子骞、冉伯牛、仲弓。言语：宰我、子贡。政事：冉有、季路。文学：子游、子夏。子曰：「回也，非助我者也，于吾言无所不说。」

子曰：「孝哉，闵子骞！人不间于其父母昆弟之言。」南容三复白圭，孔子以其兄之子妻之。

季康子问：「弟子孰为好学？」孔子对曰：「有颜回者好学，不幸短命死矣，今也则亡。」

颜渊死，颜路请子之车以为之椁。子曰：「才不才，亦各言其子也。鲤也死，有棺而无椁。吾不徒行以为之椁，以吾从大夫之后，不可徒行也。」颜渊死。子曰：「噫！天丧予！天丧予！」

颜渊死，子哭之恸。从者曰：「子恸矣！」曰：「有恸乎？非夫人之为恸而谁为？」颜渊死，门人欲厚葬之，子曰：「不可。」

门人厚葬之。子曰：「回也视予犹父也，予不得视犹子也。非我也，夫二三子也！」季路问事鬼神。子曰：「未能事人，焉能事鬼？」敢问死。曰：「未知生，焉知死？」

闵子侍侧，訚訚如也；子路，行行如也；冉有、子贡，侃侃如也，子乐。「若由也，不得其死然。」

鲁人为长府。闵子骞曰：「仍旧贯，如之何？何必改作？」子曰：「夫人不言，言必有中。」

子曰：「由之瑟，奚为于丘之门？」门人不敬子路。子曰：「由也升堂矣，未入于室也。」子贡问：「师与商也孰贤？」子曰：「师也过，商也不及。」

曰：「然则师愈与？」子曰：「过犹不及。」

季氏富于周公，而求也为之聚敛而附益之。子曰：「非吾徒也，小子鸣鼓而攻之，可也。」柴也愚，参也鲁，师也辟，由也喭。

子曰：「回也其庶乎，屡空。赐不受命，而货殖焉，亿则屡中。」子张问善人之道。子曰：「不践迹，亦不入于室。」子曰：「论笃是与，君子者乎？色庄者乎？」

子路问：「闻斯行诸？」子曰：「有父兄在，如之何其闻斯行之？」冉有问：「闻斯行诸？」子曰：「闻斯行之。」

公西华曰：「由也问闻斯行诸，子曰：『有父兄在』；求也问闻斯行诸，子曰：『闻斯行之。』赤也惑，敢问。」子曰：「求也退，故进之；由也兼人，故退之。」

子畏于匡，颜渊后。子曰：「吾以女为死矣！」曰：「子在，回何敢死！」

季子然问：「仲由、冉求，可谓大臣与？」子曰：「吾以子为异之问，曾由与求之问。所谓大臣者，以道事君，不可则止。

今由与求也，可谓具臣矣。」

曰：「然则从之者与？」子曰：「弑父与君，亦不从也。」

子路使子羔为费宰。子曰：「贼夫人之子。」子路曰：「有民人焉，有社稷焉，何必读书，然后为学。」子曰：「是故恶夫佞者。」

子路、曾皙、冉有、公西华侍坐。

子曰：「以吾一日长乎尔，毋吾以也。居则曰：『不吾知也！』如或知尔，则何以哉？」

子路率尔而对曰：「千乘之国，摄乎大国之间，加之以师旅，因之以饥馑。由也为之，比及三年，可使有勇，且知方也。」夫子哂之。「求！尔何如？」

对曰：「方六七十，如五六十，求也为之，比及三年，可使足民。如其礼乐，以俟君子。」「赤！尔何如？」

对曰：「非曰能之，愿学焉。宗庙之事，如会同，端章甫，愿为小相焉。」「点！尔何如？」鼓瑟希，铿尔，舍瑟而作，对曰：「异乎三子者之撰。」

子曰：「何伤乎？亦各言其志也。」

曰：「莫春者，春服既成，冠者五六人，童子六七人，浴乎沂，风乎舞雩，咏而归。」

夫子喟然叹曰：「吾与点也！」三子者出，曾皙后。曾皙曰：「夫三子者之言何如？」

子曰：「亦各言其志也已矣。」曰：「夫子何哂由也？」曰：「为国以礼，其言不让，是故哂之。」「唯求则非邦也与？」

「安见方六七十，如五六十，而非邦也者？」「唯赤则非邦也与？」

「宗庙会同，非诸侯而何？赤也为之小，孰能为之大？」

论语颜渊第十二

颜渊问仁。子曰：「克己复礼为仁。一日克己复礼，天下归仁焉。为仁由己，而由人乎哉？」

颜渊曰：「请问其目？」子曰：「非礼勿视，非礼勿听，非礼勿言，非礼勿动。」颜渊曰：「回虽不敏，请事斯语矣。」

仲弓问仁。子曰：「出门如见大宾，使民如承大祭。己所不欲，勿施于人。在邦无怨，在家无怨。」仲弓曰：「雍虽不敏，请事斯语矣。」司马牛问仁。子曰：「仁者，其言也讱。」曰：「其言也讱，斯谓之仁已乎？」子曰：「为之难，言之得无讱乎？」司马牛问君子。子曰：「君子不忧不惧。」曰：「不忧不惧，斯谓之君子已乎？」子曰：「内省不疚，夫何忧何惧？」司马牛忧曰：「人皆有兄弟，我独亡！」子夏曰：「商闻之矣，死生有命，富贵在天。君子敬而无失，与人恭而有礼。四海之内皆兄弟也，君子何患乎无兄弟也？」

子张问明。子曰：「浸润之谮，肤受之愬，不行焉，可谓明也已矣。浸润之谮，肤受之愬，不行焉，可谓远也已矣。」子贡问政。子曰：「足食，足兵，民信之矣。」

子贡曰：「必不得已而去，于斯三者何先？」曰：「去兵。」

子贡曰：「必不得已而去，于斯二者何先？」曰：「去食。自古皆有死，民无信不立。」

棘子成曰：「君子质而已矣，何以文为？」子贡曰：「惜乎，夫子之说君子也，驷不及舌。文犹质也，质犹文也。虎豹之鞟犹犬羊之鞟。」

哀公问于有若曰：「年饥，用不足，如之何？」有若对曰：「盍彻乎？」

曰：「二，吾犹不足，如之何其彻也？」对曰：「百姓足，君孰与不足？百姓不足，君孰与足？」

子张问崇德辨惑。子曰：「主忠信，徙义，崇德也。爱之欲其生，恶之欲其死。既欲其生，又欲其死，是惑也。『诚不以富，亦祇以异。』」齐景公问政于孔子。孔子对曰：「君君、臣臣、父父、子子。」公曰：「善哉！信如君不君、臣不臣、父不父、子不子，虽有粟，吾得而食诸？」子曰：「片言可以折狱者，其由也与？」子路无宿诺。

子曰：「听讼，吾犹人也，必也使无讼乎。」子张问政。子曰：「居之无倦，行之以忠。」子曰：「博学于文，约之以礼，亦可以弗畔矣夫！」子曰：「君子成人之美，不成人之恶。小人反是。」

季康子问政于孔子。孔子对曰：「政者，正也。子帅以正，孰敢不正？」

季康子患盗，问于孔子。孔子对曰：「苟子之不欲，虽赏之不窃。」

季康子问政于孔子曰：「如杀无道，以就有道，何如？」孔子对曰：「子为政，焉用杀？子欲善，而民善矣。君子之德风，小人之德草，草上之风，必偃。」

子张问：「士何如斯可谓之达矣？」子曰：「何哉，尔所谓达者？」

子张对曰：「在邦必闻，在家必闻。」子曰：「是闻也，非达也。夫达也者，质直而好义，察言而观色，虑以下人。在邦必达，在家必达。夫闻也者，色取仁而行违，居之不疑。在邦必闻，在家必闻。」

樊迟从游于舞雩之下，曰：「敢问崇德，修慝，辨惑。」子曰：「善哉问！先事后得，非崇德与？攻其恶，无攻人之恶，非修慝与？一朝之忿，忘其身以及其亲，非惑与？」

樊迟问仁。子曰：「爱人。」问知。子曰：「知人。」樊迟未达。子曰：「举直错诸枉，能使枉者直。」

樊迟退，见子夏曰：「乡也吾见于夫子而问知，子曰：『举直错诸枉，能使枉者直。』何谓也？」

子夏曰：「富哉，言乎！舜有天下，选于众，举皋陶，不仁者远矣。汤有天下，选于众，举伊尹，不仁者远矣。」子贡问友。子曰：「忠告而善道之，不可则止，毋自辱焉。」

曾子曰：「君子以文会友，以友辅仁。」

论语子路第十三

子路问政。子曰：「先之，劳之。」请益。曰：「无倦。」仲弓为季氏宰。问政。子曰：「先有司，赦小过，举贤才。」曰：「焉知贤才而举之？」曰：「举尔所知，尔所不知，人其舍诸？」子路曰：「卫君待子而为政，子将奚先？」子曰：「必也正名乎！」

子路曰：「有是哉，子之迂也！奚其正？」

子曰：「野哉，由也！君子于其所不知，盖阙如也。名不正，则言不顺；言不顺，则事不成；事不成，则礼乐不兴；礼乐不兴，则刑罚不中；刑罚不中，则民无所错手足。故君子名之必可言也，言之必可行也。君子于其言，无所苟而已矣。」

樊迟请学稼。子曰：「吾不如老农。」请学为圃。曰：「吾不如老圃。」

樊迟出。子曰：「小人哉，樊须也！上好礼，则民莫敢不敬；上好义，则民莫敢不服；上好信，则民莫敢不用情。夫如是，则四方之民襁负其子而至矣，焉用稼？」

子曰：「诵《诗》三百，授之以政，不达；使于四方，不能专对；虽多，亦奚以为？」子曰：「其身正，不令而行；其身不正，虽令不从。」子曰：「鲁、卫之政，兄弟也。」

子谓卫公子荆：「善居室。始有，曰：『苟合矣。』少有，曰：『苟完矣。』富有，曰：『苟美矣。』」子适卫，冉有仆。子曰：「庶矣哉！」冉有曰：「既庶矣，又何加焉？」曰：「富之。」曰：「既富矣，又何加焉？」曰：「教之。」子曰：「苟有用我者，期月而已可也，三年有成。」子曰：「『善人为邦百年，亦可以胜残去杀矣。』诚哉是言也！」子曰：「如有王者，必世而后仁。」子曰：「苟正其身矣，于从政乎何有？不能正其身，如正人何？」

冉子退朝。子曰：「何晏也？」对曰：「有政。」子曰：「其事也，如有政，虽不吾以，吾其与闻之。」定公问：「一言而可以兴邦，有诸？」

孔子对曰：「言不可以若是其几也。人之言曰：『为君难，为臣不易。』如知为君之难也，不几乎一言而兴邦乎？」曰：「一言而丧邦，有诸？」

孔子对曰：「言不可以若是其几也。人之言曰：『予无乐乎为君，唯其言而莫予违也。』如其善而莫之违也，不亦善乎？如不善而莫之违也，不几乎一言而丧邦乎？」

叶公问政。子曰：「近者说，远者来。」

子夏为莒父宰，问政。子曰：「无欲速，无见小利。欲速则不达，见小利则大事不成。」

叶公语孔子曰：「吾党有直躬者，其父攘羊，而子证之。」孔子曰：「吾党之直者异于是，父为子隐，子为父隐，直在其中矣。」

樊迟问仁。子曰：「居处恭，执事敬，与人忠。虽之夷狄，不可弃也。」

子贡问曰：「何如斯可谓之士矣？」子曰：「行己有耻，使于四方，不辱君命，可谓士矣。」曰：「敢问其次。」曰：「宗族称孝焉，乡党称弟焉。」

曰：「敢问其次。」曰：「言必信，行必果，硁硁然，小人哉！抑亦可以为次矣。」

曰：「今之从政者何如？」子曰：「噫！斗筲之人，何足算也？」

子曰：「不得中行而与之，必也狂狷乎。狂者进取，狷者有所不为也。」子曰：「南人有言曰：『人而无恒，不可以作巫医。』善夫！」「不恒其德，或承之羞。」子曰：「不占而已矣。」

子曰：「君子和而不同，小人同而不和。」

子贡问曰：「乡人皆好之，何如？」子曰：「未可也。」「乡人皆恶之，何如？」子曰：「未可也。不如乡人之善者好之，其不善者恶之。」

子曰：「君子易事而难说也。说之不以道，不说也；及其使人也，器之。小人难事而易说也。说之虽不以道，说也；及其使人也，求备焉。」子曰：「君子泰而不骄，小人骄而不泰。」

子曰：「刚毅、木讷，近仁。」

子路问曰：「何如斯可谓之士矣？」子曰：「切切、偲偲，怡怡如也，可谓士矣。朋友切切、偲偲，兄弟怡怡。」子曰：「善人教民七年，亦可以即戎矣。」

子曰：「以不教民战，是谓弃之。」

论语宪问第十四

宪问耻。子曰：「邦有道，谷；邦无道，谷，耻也。」「克、伐、怨、欲不行焉，可以为仁矣？」子曰：「可以为难矣，仁则吾不知也。」子曰：「士而怀居，不足以为士矣。」

子曰：「邦有道，危言危行；邦无道，危行言孙。」

子曰：「有德者必有言，有言者不必有德。仁者必有勇，勇者不必有仁。」

南宫适问于孔子曰：「羿善射，奡荡舟，俱不得其死然。禹、稷躬稼而有天下。」夫子不答。南宫适出，子曰：「君子哉若人！尚德哉若人！」子曰：「君子而不仁者有矣夫，未有小人而仁者也。」

子曰：「爱之，能勿劳乎？忠焉，能勿诲乎？」

子曰：「为命，裨谌草创之，世叔讨论之，行人子羽修饰之，东里子产润色之。」或问子产。子曰：「惠人也。」问子西。

曰：「彼哉！彼哉！」

问管仲。曰：「人也。夺伯氏骈邑三百，饭疏食，没齿无怨言。」子曰：「贫而无怨难，富而无骄易。」子曰：「孟公绰为赵、魏老则优，不可以为滕、薛大夫。」

子路问成人。子曰：「若臧武仲之知，公绰之不欲，卞庄子之勇，冉求之艺，文之以礼乐，亦可以为成人矣。」曰：「今之成人者何必然？见利思义，见危授命，久要不忘平生之言，亦可以为成人矣。」

子问公叔文子于公明贾曰：「信乎，夫子不言，不笑，不取乎？」

公明贾对曰：「以告者过也。夫子时然后言，人不厌其言；乐然后笑，人不厌其笑；义然后取，人不厌其取。」子曰：「其然？岂其然乎？」

子曰：「臧武仲以防求为后于鲁，虽曰不要君，吾不信也。」子曰：「晋文公谲而不正，齐桓公正而不谲。」

子路曰：「桓公杀公子纠，召忽死之，管仲不死。」曰：「未仁乎？」子曰：「桓公九合诸侯，不以兵车，管仲之力也。如其仁！如其仁！」

子贡曰：「管仲非仁者与？桓公杀公子纠，不能死，又相之。」子曰：「管仲相桓公，霸诸侯，一匡天下，民到于今受其赐。微管仲，吾其被发左衽矣。岂若匹夫匹妇之为谅也，自经于沟渎而莫之知也。」

公叔文子之臣大夫僎，与文子同升诸公。子闻之曰：「可以为『文』矣！」

子言卫灵公之无道也，康子曰：「夫如是，奚而不丧？」孔子曰：「仲叔圉治宾客，祝鮀治宗庙，王孙贾治军旅。夫如是，奚其丧？」子曰：「其言之不怍，则为之也难。」

陈成子弑简公。孔子沐浴而朝，告于哀公曰：「陈恒弑其君，请讨之。」公曰：「告夫三子。」

孔子曰：「以吾从大夫之后，不敢不告也。君曰『告夫三子』者。」之三子告，不可。孔子曰：「以吾从大夫之后，不敢不告也。」

子路问事君。子曰：「勿欺也，而犯之。」

子曰：「君子上达，小人下达。」子曰：「古之学者为己，今之学者为人。」

蘧伯玉使人于孔子，孔子与之坐而问焉，曰：「夫子何为？」对曰：「夫子欲寡其过而未能也。」使者出，子曰：「使乎！使乎！」子曰：「不在其位，不谋其政。」

曾子曰：「君子思不出其位。」子曰：「君子耻其言而过其行。」

子曰：「君子道者三，我无能焉：仁者不忧，知者不惑，勇者不惧。」子贡曰：「夫子自道也。」子贡方人。子曰：「赐也，贤乎哉？夫我则不暇。」

子曰：「不患人之不己知，患其不能也。」子曰：「不逆诈，不亿不信，抑亦先觉者，是贤乎！」

微生亩谓孔子曰：「丘何为是栖栖者与？无乃为佞乎？」孔子曰：「非敢为佞也，疾固也。」子曰：「骥不称其力，称其德也！」

或曰：「以德报怨，何如？」子曰：「何以报德？以直报怨，以德报德。」

子曰：「莫我知也夫！」子贡曰：「何为其莫知子也？」子曰：「不怨天，不尤人，下学而上达。知我者其天乎！」

公伯缭愬子路于季孙。子服景伯以告，曰：「夫子固有惑志于公伯寮，吾力犹能肆诸市朝。」

子曰：「道之将行也与，命也；道之将废也与，命也。公伯寮其如命何！」子曰：「贤者辟世，其次辟地，其次辟色，其次辟言。」子曰：「作者七人矣。」

子路宿于石门。晨门曰：「奚自？」子路曰：「自孔氏。」曰：「是知其不可而为之者与？」

子击磬于卫，有荷蒉而过孔氏之门者，曰：「有心哉，击磬乎！」既而曰：「鄙哉，硁硁乎，莫己知也，斯己而已矣。深则厉，浅则揭。」子曰：「果哉！末之难矣。」

子张曰：「《书》云：『高宗谅阴，三年不言。』何谓也？」子曰：「何必高宗，古之人皆然。君薨，百官总己以听于冢宰，三年。」子曰：「上好礼，则民易使也。」

子路问君子。子曰：「修己以敬。」曰：「如斯而已乎？」曰：「修己以安人。」曰：「如斯而已乎？」曰：「修己以安百姓。修己以安百姓，尧、舜其犹病诸。」

原壤夷俟。子曰：「幼而不孙弟，长而无述焉，老而不死，是为贼。」以杖叩其胫。

阙党童子将命。或问之曰：「益者与？」子曰：「吾见其居于位也，见其与先生并行也，非求益者也，欲速成者也。」

论语卫灵公第十五

卫灵公问陈于孔子。孔子对曰：「俎豆之事，则尝闻之矣；军旅之事，未之学也。」明日遂行。

在陈绝粮，从者病，莫能兴。子路愠见曰：「君子亦有穷乎？」子曰：「君子固穷，小人穷斯滥矣。」

子曰：「赐也，女以予为多学而识之者与？」对曰：「然，非与？」曰：「非也，予一以贯之。」子曰：「由，知德者鲜矣。」

子曰：「无为而治者，其舜也与？夫何为哉？恭己正南面而已矣。」

子张问行。子曰：「言忠信，行笃敬，虽蛮貊之邦行矣。言不忠信，行不笃敬，虽州里行乎哉？立，则见其参于前也；在舆，则见其倚于衡也，夫然后行。」子张书诸绅。

子曰：「直哉史鱼！邦有道如矢，邦无道如矢。君子哉蘧伯玉！邦有道则仕，邦无道则可卷而怀之。」

子曰：「可与言而不与言，失人；不可与言而与之言，失言。知者不失人，亦不失言。」子曰：「志士仁人，无求生以害仁，有杀身以成仁。」

子贡问为仁。子曰：「工欲善其事，必先利其器。居是邦也，事其大夫之贤者，友其士之仁者。」

颜渊问为邦。子曰：「行夏之时，乘殷之辂，服周之冕，乐则《韶》、《舞》。放郑声，远佞人。郑声淫，佞人殆。」子曰：「人无远虑，必有近忧。」

子曰：「已矣乎！吾未见好德如好色者也。」子曰：「臧文仲其窃位者与！知柳下惠之贤，而不与立也。」子曰：「躬自厚而薄责于人，则远怨矣。」

子曰：「不曰『如之何，如之何』者，吾末如之何也已矣！」子曰：「群居终日，言不及义，好行小慧，难矣哉！」

子曰：「君子义以为质，礼以行之，孙以出之，信以成之。君子哉！」子曰：「君子病无能焉，不病人之不己知也。」子曰：「君子疾没世而名不称焉。」

子曰：「君子求诸己，小人求诸人。」子曰：「君子矜而不争，群而不党。」子曰：「君子不以言举人，不以人废言。」

子贡问曰：「有一言而可以终身行之者乎？」子曰：「其恕乎！己所不欲，勿施于人。」

子曰：「吾之于人也，谁毁谁誉。如有所誉者，其有所试矣。斯民也，三代之所以直道而行也。」子曰：「吾犹及史之阙文也。有马者，借人乘之，今亡矣夫！」

子曰：「巧言乱德。小不忍则乱大谋。」子曰：「众恶之，必察焉；众好之，必察焉。」子曰：「人能弘道，非道弘人。」子曰：「过而不改，是谓过矣。」

子曰：「吾尝终日不食，终夜不寝，以思，无益，不如学也。」

子曰：「君子谋道不谋食。耕也，馁在其中矣；学也，禄在其中矣。君子忧道不忧贫。」

子曰：「知及之，仁不能守之，虽得之，必失之。知及之，仁能守之，不庄以莅之，则民不敬。知及之，仁能守之，庄以莅之，动之不以礼，未善也。」

子曰：「君子不可小知，而可大受也；小人不可大受，而可小知也。」

子曰：「民之于仁也，甚于水火。水火，吾见蹈而死者矣，未见蹈仁而死者也！」子曰：「当仁不让于师。」子曰：「君子贞而不谅。」

子曰：「事君敬其事，而后其食。」子曰：「有教无类。」子曰：「道不同，不相为谋。」子曰：「辞达而已矣。」

师冕见，及阶，子曰：「阶也。」及席，子曰：「席也。」皆坐，子告之曰：「某在斯，某在斯。」师冕出，子张问曰：「与师言之道与？」子曰：「然，固相师之道也。」

论语季氏第十六

季氏将伐颛臾。冉有、季路见于孔子曰：「季氏将有事于颛臾。」孔子曰：「求，无乃尔是过与？夫颛臾，昔者先王以为东蒙主，且在邦域之中矣，是社稷之臣也。何以伐为？」冉有曰：「夫子欲之，吾二臣者皆不欲也。」孔子曰：「求，周任有言曰：『陈力就列，不能者止。』危而不持，颠而不扶，则将焉用彼相矣？且尔言过矣，虎兕出于柙，龟玉毁于椟中，是谁之过与？」

冉有曰：「今夫颛臾，固而近于费，今不取，后世必为子孙忧。」

孔子曰：「求，君子疾夫舍曰欲之，而必为之辞。丘也闻有国有家者，不患寡而患不均，不患贫而患不安。盖均无贫，和无寡，安无倾。夫如是，故远人不服，则修文德以来之；既来之，则安之。今由与求也，相夫子，远人不服，而不能来也；邦分崩离析，而不能守也；而谋动干戈于邦内。吾恐季孙之忧，不在颛臾，而在萧墙之内也。」

孔子曰：「天下有道，则礼乐征伐自天子出；天下无道，则礼乐征伐自诸侯出。自诸侯出，盖十世希不失矣；自大夫出，五世希不失矣；陪臣执国命，三世希不失矣。天下有道，则政不在大夫；天下有道，则庶人不议。」

孔子曰：「禄之去公室五世矣，政逮于大夫四世矣，故夫三桓之子孙微矣。」

孔子曰：「益者三友，损者三友。友直，友谅，友多闻，益矣。友便辟，友善柔，友便佞，损矣。」

孔子曰：「益者三乐，损者三乐。乐节礼乐，乐道人之善，乐多贤友，益矣。乐骄乐，乐佚游，乐宴乐，损矣。」

孔子曰：「侍于君子有三愆：言未及之而言谓之躁，言及之而不言谓之隐，未见颜色而言谓之瞽。」

孔子曰：「君子有三戒：少之时，血气未定，戒之在色；及其壮也，血气方刚，戒之在斗；及其老也，血气既衰，戒之在得。」

孔子曰：「君子有三畏：畏天命，畏大人，畏圣人之言。小人不知天命而不畏也，狎大人，侮圣人之言。」

孔子曰：「生而知之者，上也；学而知之者，次也；困而学之，又其次也；困而不学，民斯为下矣。」

孔子曰：「君子有九思：视思明，听思聪，色思温，貌思恭，言思忠，事思敬，疑思问，忿思难，见得思义。」

孔子曰：「见善如不及，见不善如探汤。吾见其人矣。吾闻其语矣。隐居以求其志，行义以达其道。吾闻其语矣，未见其人也。」

齐景公有马千驷，死之日，民无德而称焉。伯夷、叔齐饿于首阳之下，民到于今称之。其斯之谓与？

陈亢问于伯鱼曰：「子亦有异闻乎？」对曰：「未也。尝独立，鲤趋而过庭，曰：『学《诗》乎？』对曰：『未也。』『不学《诗》，无以言。』鲤退而学《诗》。他日又独立，鲤趋而过庭，曰：『学《礼》乎？』对曰：『未也。』『不学《礼》，无以立。』鲤退而学《礼》。闻斯二者。」陈亢退而喜曰：「问一得三，闻《诗》，闻《礼》，又闻君子之远其子也。」

邦君之妻，君称之曰夫人，夫人自称曰小童；邦人称之曰君夫人，称诸异邦曰寡小君；异邦人称之亦曰君夫人。

论语阳货第十七

阳货欲见孔子，孔子不见，归孔子豚。

孔子时其亡也，而往拜之。遇诸涂。谓孔子曰：「来！予与尔言。」曰：「怀其宝而迷其邦，可谓仁乎？」曰：「不可！」「好从事而亟失时，可谓知乎？」曰：「不可！」「日月逝矣，岁不我与。」

孔子曰：「诺，吾将仕矣。」子曰：「性相近也，习相远也。」子曰：「唯上知与下愚不移。」

子之武城，闻弦歌之声。夫子莞尔而笑，曰：「割鸡焉用牛刀？」

子游对曰：「昔者偃也闻诸夫子曰：『君子学道则爱人，小人学道则易使也。』」子曰：「二三子！偃之言是也。前言戏之耳。」

公山弗扰以费畔，召，子欲往。

子路不说，曰：「末之也，已，何必公山氏之之也？」子曰：「夫召我者，而岂徒哉？如有用我者，吾其为东周乎！」

子张问仁于孔子。孔子曰：「能行五者于天下，为仁矣。」

请问之。曰：「恭、宽、信、敏、惠。恭则不侮，宽则得众，信则人任焉，敏则有功，惠则足以使人。」佛肸召，子欲往。

子路曰：「昔者由也闻诸夫子曰：『亲于其身为不善者，君子不入也。』佛肸以中牟畔，子之往也，如之何？」

子曰：「然，有是言也。不曰坚乎，磨而不磷；不曰白乎，涅而不缁。吾岂匏瓜也哉？焉能系而不食？」子曰：「由也，女闻六言六蔽矣乎？」对曰：「未也。」

「居，吾语女。好仁不好学，其蔽也愚；好知不好学，其蔽也荡；好信不好学，其蔽也贼；好直不好学，其蔽也绞；好勇不好学，其蔽也乱；好刚不好学，其蔽也狂。」

子曰：「小子何莫学夫诗？诗，可以兴，可以观，可以群，可以怨。迩之事父，远之事君。多识于鸟兽草木之名。」

子谓伯鱼曰：「女为《周南》、《召南》矣乎？人而不为《周南》、《召南》，其犹正墙面而立也与！」子曰：「礼云礼云，玉帛云乎哉？乐云乐云，钟鼓云乎哉？」

子曰：「色厉而内荏，譬诸小人，其犹穿窬之盗也与！」子曰：「乡原，德之贼也。」子曰：「道听而涂说，德之弃也。」

子曰：「鄙夫可与事君也与哉？其未得之也，患得之；既得之，患失之；苟患失之，无所不至矣。」

子曰：「古者民有三疾，今也或是之亡也。古之狂也肆，今之狂也荡；古之矜也廉，今之矜也忿戾；古之愚也直，今之愚也诈而已矣。」子曰：「巧言令色，鲜矣仁。」

子曰：「恶紫之夺朱也，恶郑声之乱雅乐也，恶利口之覆邦家者。」子曰：「予欲无言。」子贡曰：「子如不言，则小子何述焉？」

子曰：「天何言哉？四时行焉，百物生焉，天何言哉？」

孺悲欲见孔子，孔子辞以疾。将命者出户，取瑟而歌，使之闻之。

宰我问：「三年之丧，期已久矣。君子三年不为礼，礼必坏；三年不为乐，乐必崩。旧谷既没，新谷既升，钻燧改火，期可已矣。」

子曰：「食夫稻，衣夫锦，于女安乎？」曰：「安！」「女安则为之。夫君子之居丧，食旨不甘，闻乐不乐，居处不安，故不为也。今女安，则为之。」

宰我出。子曰：「予之不仁也！子生三年，然后免于父母之怀。夫三年之丧，天下之通丧也。予也有三年之爱于其父母乎？」

子曰：「饱食终日，无所用心，难矣哉！不有博弈者乎？为之，犹贤乎已。」

子路曰：「君子尚勇乎？」子曰：「君子义以为上。君子有勇而无义为乱；小人有勇而无义为盗。」

子贡曰：「君子亦有恶乎？」子曰：「有恶：恶称人之恶者，恶居下流而讪上者，恶勇而无礼者，恶果敢而窒者。」曰：「赐也，亦有恶乎？」「恶徼以为知者，恶不孙以为勇者，恶讦以为直者。」子曰：「唯女子与小人为难养也，近之则不孙，远之则怨。」

子曰：「年四十而见恶焉，其终也已。」

论语微子第十八

微子去之，箕子为之奴，比干谏而死。孔子曰：「殷有三仁焉。」

柳下惠为士师，三黜。人曰：「子未可以去乎？」曰：「直道而事人，焉往而不三黜？枉道而事人，何必去父母之邦？」

齐景公待孔子曰：「若季氏则吾不能，以季、孟之间待之。」曰：「吾老矣，不能用也。」孔子行。齐人归女乐，季桓子受之，三日不朝，孔子行。

楚狂接舆歌而过孔子曰：「凤兮！凤兮！何德之衰？往者不可谏，来者犹可追。已而，已而！今之从政者殆而！」孔子下，欲与之言，趋而辟之，不得与之言。

长沮、桀溺耦而耕，孔子过之，使子路问津焉。长沮曰：「夫执舆者为谁？」子路曰：「为孔丘。」曰：「是鲁孔丘与？」曰：「是也。」曰：「是知津矣。」问于桀溺。桀溺曰：「子为谁？」曰：「为仲由。」曰：「是鲁孔丘之徒与？」对曰：「然。」曰：「滔滔者，天下皆是也，而谁以易之？且而与其从辟人之士也，岂若从辟世之士哉！」耰而不辍。子路行以告。夫子怃然曰：「鸟兽不可与同群，吾非斯人之徒与而谁与？天下有道，丘不与易也。」

子路从而后，遇丈人，以杖荷蓧。子路问曰：「子见夫子乎？」丈人曰：「四体不勤，五谷不分，孰为夫子？」植其杖而芸。子路拱而立。止子路宿，杀鸡为黍而食之，见其二子焉。明日，子路行以告。子曰：「隐者也。」使子路反见之。至，则行矣。子路曰：「不仕无义。长幼之节，不可废也；君臣之义，如之何其废之？欲洁其身，而乱大伦。君子之仕也，行其义也。道之不行，已知之矣。」

逸民：伯夷、叔齐、虞仲、夷逸、朱张、柳下惠、少连。子曰：「不降其志，不辱其身，伯夷、叔齐与！」谓「柳下惠、少连，降志辱身矣。言中伦，行中虑，其斯而已矣。」谓「虞仲、夷逸，隐居放言，身中清，废中权。」「我则异于是，无可无不可。」

大师挚适齐，亚饭干适楚，三饭缭适蔡，四饭缺适秦，鼓方叔入于河，播鼗武入于汉，少师阳、击磬襄，入于海。

周公谓鲁公曰：「君子不施其亲，不使大臣怨乎不以。故旧无大故，则不弃也。无求备于一人。」

周有八士：伯达、伯适、仲突、仲忽、叔夜、叔夏、季随、季騧。

论语子张第十九

子张曰：「士见危致命，见得思义，祭思敬，丧思哀，其可已矣。」子张曰：「执德不弘，信道不笃，焉能为有，焉能为亡。」

子夏之门人问交于子张。子张曰：「子夏云何？」对曰：「子夏曰：『可者与之，其不可者拒之。』」子张曰：「异乎吾所闻：君子尊贤而容众，嘉善而矜不能。我之大贤与，于人何所不容？我之不贤与，人将拒我，如之何其拒人也？」

子夏曰：「虽小道，必有可观者焉，致远恐泥，是以君子不为也！」子夏曰：「日知其所亡，月无忘其所能，可谓好学也已矣。」子夏曰：「博学而笃志，切问而近思，仁在其中矣。」

子夏曰：「百工居肆以成其事，君子学以致其道。」子夏曰：「小人之过也，必文。」子夏曰：「君子有三变：望之俨然，即之也温，听其言也厉。」

子夏曰：「君子信而后劳其民；未信，则以为厉己也。信而后谏；未信，则以为谤己也。」子夏曰：「大德不逾闲，小德出入可也。」

子游曰：「子夏之门人小子，当洒扫应对进退，则可矣，抑末也。本之则无，如之何？」子夏闻之，曰：「噫！言游过矣！君子之道，孰先传焉？孰后倦焉？譬诸草木，区以别矣。君子之道，焉可诬也？有始有卒者，其惟圣人乎！」子夏曰：「仕而优则学，学而优则仕。」

子游曰：「丧致乎哀而止。」子游曰：「吾友张也，为难能也，然而未仁。」曾子曰：「堂堂乎张也，难与并为仁矣。」曾子曰：「吾闻诸夫子：人未有自致者也，必也亲丧乎！」

曾子曰：「吾闻诸夫子，孟庄子之孝也，其他可能也；其不改父之臣，与父之政，是难能也。」

孟氏使阳肤为士师，问于曾子。曾子曰：「上失其道，民散久矣。如得其情，则哀矜而勿喜。」

子贡曰：「纣之不善，不如是之甚也。是以君子恶居下流，天下之恶皆归焉。」

子贡曰：「君子之过也，如日月之食焉：过也，人皆见之，更也，人皆仰之。」

卫公孙朝问于子贡曰：「仲尼焉学？」子贡曰：「文武之道，未坠于地，在人。贤者识其大者，不贤者识其小者，莫不有文武之道焉，夫子焉不学，而亦何常师之有？」

叔孙武叔语大夫于朝，曰：「子贡贤于仲尼。」子服景伯以告子贡。

子贡曰：「譬之宫墙，赐之墙也及肩，窥见室家之好。夫子之墙数仞，不得其门而入，不见宗庙之美，百官之富。得其门者或寡矣。夫子之云，不亦宜乎！」

叔孙武叔毁仲尼。子贡曰：「无以为也！仲尼不可毁也。他人之贤者，丘陵也，犹可逾也；仲尼，日月也，无得而逾焉。人虽欲自绝，其何伤于日月乎？多见其不知量也。」

陈子禽谓子贡曰：「子为恭也，仲尼岂贤于子乎？」

子贡曰：「君子一言以为知，一言以为不知，言不可不慎也！夫子之不可及也，犹天之不可阶而升也。夫子之得邦家者，所谓立之斯立，道之斯行，绥之斯来，动之斯和。其生也荣，其死也哀，如之何其可及也？」

论语尧曰第二十

尧曰：「咨！尔舜！天之历数在尔躬，允执其中。四海困穷，天禄永终。」舜亦以命禹。

曰：「予小子履，敢用玄牡，敢昭告于皇皇后帝：有罪不敢赦。帝臣不蔽，简在帝心。朕躬有罪，无以万方；万方有罪，罪在朕躬。」

周有大赉，善人是富。「虽有周亲，不如仁人。百姓有过，在予一人。」

谨权量，审法度，修废官，四方之政行焉。兴灭国，继绝世，举逸民，天下之民归心焉。所重：民、食、丧、祭。宽则得众，信则民任焉，敏则有功，公则说。

子张问于孔子曰：「何如斯可以从政矣？」子曰：「尊五美，屏四恶，斯可以从政矣。」子张曰：「何谓五美？」

子曰：「君子惠而不费，劳而不怨，欲而不贪，泰而不骄，威而不猛。」子张曰：「何谓惠而不费？」

子曰：「因民之所利而利之，斯不亦惠而不费乎？择可劳而劳之，又谁怨？欲仁而得仁，又焉贪？君子无众寡，无小大，无敢慢，斯不亦泰而不骄乎？君子正其衣冠，尊其瞻视，俨然人望而畏之，斯不亦威而不猛乎？」

子张曰：「何谓四恶？」

子曰：「不教而杀谓之虐。不戒视成谓之暴。慢令致期谓之贼。犹之与人也，出纳之吝，谓之有司。」

子曰：「不知命，无以为君子也；不知礼，无以立也；不知言，无以知人也。」